AF599885

Recóndita armonía

Un paseo por Florencia y la Toscana

CARLOS PASCUAL

CUADERNOS
DE HORIZONTE

Recóndita armonía

Un paseo por Florencia y la Toscana

CARLOS PASCUAL

LA LÍNEA DEL HORIZONTE
ediciones

Colección Cuadernos de Horizonte, 31

Primera edición: mayo, 2024

Publicado por LA LÍNEA DEL HORIZONTE EDICIONES
C/ Mesón de Paredes, 73, 28012 (Madrid, España)
www.lalineadelhorizonte.com
info@lalineadelhorizonte.com

Coordinación editorial: Miguel S. Salas
Corrección: Luis Porras Vila
Diseño de cubierta:
Víctor Montalbán | Montalbán Estudio Gráfico
Imagen de cubierta: *Cabalgata de los Reyes Magos* (detalle),
Benozzo Gozzoli. © Raffaello Bencini / Bridgeman Images

ISBN: 978-84-127475-5-3
THEMA: WTL, 1DST | Depósito Legal: M-10574-2024

Imprime: Estugraf | Impreso en España

Este libro ha sido impreso en papel ecológico, cuya materia prima
proviene de una gestión forestal sostenible.

Recóndita armonía

INTRODUCCIÓN

Uno puede viajar muchas veces, a muchas partes. Pero siempre existe un viaje especial, único, inicial o, cabría decir, *iniciático*. El viaje que hay que realizar una vez en la vida. O muchas. Con maleta o con los ojos cerrados. Con el deseo y la fantasía, siempre.

Desde los albores de la era moderna, el destino de los espíritus más selectos e inquietos de Europa estaba claro: Italia. La meca del obligado *Grand Tour*. Con parada muy significada en Florencia, la capital de la Toscana. Porque allí se despertó la conciencia y, sobre todo, la sensibilidad de Europa, donde Dante, Boccaccio o Petrarca no solo fijaron la lengua italiana, sino que además pusieron algunos ladrillos esenciales de la nueva forma de contar el mundo. Lo mismo que, desde otra óptica, hicieron Maquiavelo o Galileo. Y qué decir del arte: Leonardo, Miguel Ángel, Botticelli, Brunelleschi, Giotto, Donatello, Fra Angélico... Ellos encarnaron el renacer de las artes, un *Renacimiento* que haría espabilar de la modorra medieval a las naciones del Viejo Continente.

Ese peregrinaje espiritual empezó muy temprano, y la nómina de fieles sería tediosa: el francés Montaigne fue de los más madrugadores, viajó a Italia en 1580, aunque su *Diario del viaje a Italia* fue publicado en 1770. Algo parecido ocurrió con el gran Goethe, que viajó durante dos años por varias urbes italianas en 1778, pero su *Viaje a Italia* solo se publicó en 1816.

El siglo XIX fue un verdadero trajín. Desde Inglaterra llegó Charles Dickens (*Estampas de Italia*, 1846). También Henry James, americano que obtuvo nacionalidad británica (*Retrato de una dama*, 1881; *Roderick Hudson*, 1875; *Italian Hours*, 1909), así como George Eliot (*Romola*, 1862). Pisando ya el siglo XX, E. M. Forster ambientó en Florencia *Una habitación con vistas* (1908), y en San Gimignano, *Donde los ángeles no se aventuran* (1905).

Más tarde, la Toscana sirve de inspiración a Somerset Maugham (*En una villa florentina*, 1941), a Aldous Huxley (*A lo largo del camino*, 1925; *El tiempo debe detenerse*, 1944) y a D. H. Lawrence (*Atardeceres etruscos*, 1932). Incluso el atribulado Salman Rushdie sucumbe a los encantos de la región en su novela *La encantadora de Florencia* (2008).

Son solo algunos nombres más conocidos. Y aún deberíamos añadir al francés Alejandro

Dumas, al alemán Herman Hesse... y a los nuestros: de Moratín (*Viaje a Italia*, 1867) a Unamuno (*Apuntes de un viaje por Francia, Italia y Suiza,* cuadernos de un viaje hecho en 1889), por solo citar un par de ejemplos.

En el pasado, estos viajeros ilustres nos transmitían su experiencia a través de novelas, diarios o libros de viaje. Hoy día existe un lenguaje nuevo e invasivo: el cine. En este libro vamos a tenerlo muy en cuenta. También a la música.

Porque esto no es una guía, en sentido convencional. Están los lugares, sí, todos o casi. Pero son más que nada un motivo de admiración, de reflexión, un estímulo para sacar chispas, pistas o sugerencias, convocar recuerdos; como decimos en castellano, levantar la liebre. Algo parcial y, seguramente, caprichoso; como diría Jan Morris, la última en partir (nos dejó para siempre en 2020), «un retrato subjetivo e impresionista».

Porque de eso se trata, en definitiva. De un *selfie*. Florencia y la Toscana nos han modelado, aun sin saberlo, desde niños, desde el bachillerato (o como lo quieran llamar en cada reforma educativa). Son, en cierto modo, el territorio de nuestra infancia. Somos nosotros. Y en ese sentido la Toscana es inabarcable, inagotable. Un espejo infinito.

Vamos a ello.

EPIFANÍA DEL PAISAJE

Es la cabalgata de reyes más vistosa que cabría imaginar. Para verla, hay que subir a la planta alta del palacio Medici-Ricardi de Florencia, a pocos pasos del *duomo*. Allí, en la Capella dei Magi, hay un fresco alargado y partido que ocupa la pared. Es el *Cortejo de los Reyes Magos.* En términos litúrgicos, la Epifanía del Señor, es decir, la manifestación del nacimiento de Cristo a los pueblos gentiles. Hay varias cosas sorprendentes en esta obra de Benozzo Gozzoli: una de ellas es que algunos de los personajes que aparecen en escena son retratos de personas reales, importantes en la época en que fue pintado el fresco (siglo XV), como Cosme el Viejo y Lorenzo el Magnífico.

Otra cosa que sorprende es el paisaje, verdadero protagonista del cuadro. Se diría que el cortejo, los personajes, han sido puestos para apostillar y acotar el espléndido abanico vegetal y mineral que discurre por el muro. Llaman enseguida la atención los cipreses, que parecen miliarios o mojones del camino, y que tantos caminos escoltan en la Toscana. Benozzo los pintó también en el Camposanto de Pisa, y en otras obras suyas.

Y en la primera pintura conocida de Leonardo, una *Anunciación* que puede verse en los Uffizi, los cipreses del fondo son algo más que un decorado o un relleno, son como la voz delgada, espiritual del propio ángel.

El ciprés se ha convertido en un símbolo de la Toscana, elemento recurrente en fotos y postales. Parece que la afición por este árbol provenía de los etruscos; para ellos era un símbolo cuasi religioso, una especie de rendija al más allá. La caída en desgracia del ciprés vino pronto, con el poeta romano Ovidio y su mito de Cipariso. En *Las metamorfosis*, cuenta Ovidio que Cipariso era el muchacho más bello de la isla de Cos, y amante de Apolo. Tenía el efebo un cervatillo al que mimaba como a una mascota, y al que hirió de muerte sin querer. El dolor y desconsuelo del muchacho fue tal que Apolo, con las lágrimas, modeló sus cabellos en forma de pirámide y aseguró a Cipariso que estaría presente en todos los duelos, siendo para siempre compañero de los afligidos.

La Iglesia católica se tomó el mito al pie de la letra. El ciprés se convirtió en cirio lúgubre de los cementerios. Hasta que lo redimió de ese destino siniestro el sentimiento estético de los renacentistas toscanos, que supieron apreciar más que nada su esbelta elegancia. Al menos por estas tierras, que no en el resto de la cristiandad.

Pero el ciprés no es el único árbol en el mural de Benozzo. Se ven también palmeras, olivos, árboles frutales, una flora minuciosa, preciosista. Y acantilados lechosos, y rocas caprichosas, y tal vez el lecho escondido de algún río. Una estampa temprana de lo que sería en el Barroco el *hortus amoenus* o el *hortus clausus*: un espejo terrenal del paraíso perdido. El fresco de Benozzo Gozzoli muestra, en fin, el paisaje espléndidamente diverso de la Toscana. La epifanía del Señor se convierte así en una epifanía del paisaje.

El pensador francés del siglo XVII Blaise Pascal decía en sus *Pensamientos* que la cultura es una segunda naturaleza. En la Toscana parece no haber oposición entre naturaleza y cultura: el paisaje toscano es el más civilizado del mundo. Tal vez convenga realizar una pequeña digresión sobre el paisaje *natural* y esa segunda piel *cultural* con que le representaron los artistas locales.

En los siglos medievales, y hasta entrado el siglo XIV (el que llaman los italianos el *trecento*, más fácil de entender así), el paisaje prácticamente no existía para el arte. El fondo de las pinturas de santos o escenas religiosas era el brillo dorado de herencia bizantina. Es lo que predomina aún en muchas obras de la llamada escuela sienesa y en las tablas de Cimabue. Fueron sus discípulos Duccio di Buoninsegna y sobre todo el más joven Giotto quienes comenzaron a olvidarse de los oropeles (el «estilo griego» que llamaba el renacentista polifacético Giorgio Vasari) para introducir en sus frescos un apunte paisajístico *naturalista*, cada vez más relevante.

En el siglo siguiente, el *quattrocento*, en perfecta sintonía con los maestros flamencos y con el nuevo empleo de la pintura al óleo, el paisaje forma parte importante de la escena, a veces parece incluso querer adueñarse de ella. Al igual que sus colegas flamencos, Botticelli o Fra Angélico son tan minuciosos al representar los árboles, plantas y flores, por minúsculos que sean, que sus cuadros podrían valer para ilustrar un catálogo de botánica.

En esa misma generación, el paisaje representado por los artistas se irá despojando más y más del preciosismo medieval para adaptarse a la nueva era renaciente y humanista. La perspectiva pasa a dominar y ordenar la escena. La perspectiva lineal, desde luego, gracias sobre todo a los encuadres arquitectónicos de palacios, logias o unas simples ruinas (lo que hace Masaccio de una forma descarada en su *Trinidad* de Santa María Novella, en Florencia).

Asimismo se descubre la perspectiva aérea. No otra cosa es el *sfumato* de los fondos de

Leonardo. Para los pintores, será en adelante un axioma adquirido. Y no solo para ellos, también para los escultores: los paneles que Ghiberti realizó para las puertas del Baptisterio de Florencia (obra que ocupó su vida entera, desde los veintiún años) consiguen con el bronce el mismo efecto atmosférico que los pintores en sus frescos o lienzos, gracias al *rilievo schiacciato*, o sea, un bajorrelieve apenas insinuado. Y aún cabría meter en danza a los arquitectos, ya que a partir de esa época incorporan el paisaje a sus edificios civiles, en forma de patios, jardines o laberintos. Pero esto nos distraería demasiado.

Lo que nos interesaba señalar, recurriendo al arte, es la *naturaleza* misma y la explosiva diversidad que se despliega en la Toscana. El mapa de la Toscana. Y no todo lo que ese mapa abarca está reflejado en los cuadros de los pintores. Aunque no sea la más extensa de las regiones de Italia, la Toscana es la que tal vez mejor encarne esa disparidad que hizo de la nación un mosaico o galimatías político, hasta la unificación de Garibaldi. En cierto modo, la Toscana viene a ser, para lo mejor y lo peor, una Italia en miniatura.

Son diez las provincias que abarcan la región en la actualidad: Massa-Carrara, Lucca, Pistoia, Prato, Livorno, Pisa, Florencia, Grosseto, Siena y Arezzo. Diez sistemas solares con un sopicaldo planetario de pequeñas ciudades orbitando a la capital, junto a *borghi* y *paesi*, pueblos y pedanías; más los asteroides campestres de castillos, torres, abadías y granjas aislados. Conformando entre todos esa galaxia enérgica que concentra en buena parte los genes de la civilización europea moderna.

La diversidad de paisajes toscanos es acorde, podría decirse, con cierta disparidad de caracteres, irreductibles a veces, a tenor de las continuas peleas. En el norte de la región, forma frontera la cordillera de los Alpes Apuanos. Dura, blanca no por la nieve, sino por el mármol de Carrara, materia prima de los escultores toscanos; en la película *El tormento y el éxtasis* (1965) de Carol Reed, y mejor aún en la de Andréi Konchalovski *Il peccato* (2019), se ve cómo se las ingeniaban para arrancar con medios rudimentarios gigantescos bloques de mármol para las estatuas de Miguel Ángel.

La montaña se prolonga, dulcificada, en los Apeninos que guarecen el amplio valle del río Arno o Valdarno, al que se abren valles satélites como la Garfagnana, que vertebra el río Serchio desde el norte, o el Val d'Elsa que se abre por el sur. Hacia el levante y sur de la región también hay montaña, pero mucho menos bravía, intermitente, más blanda, formada por el *tufo* volcánico o toba donde los antiguos etruscos cavaban fácilmente sus ciudades y tumbas.

Los valles del norte enhebran ciudades con el hilo líquido de un río, como el Arno, que engarza Arezzo con Florencia y Pisa. Pisa es para muchos la puerta de entrada, gracias a su aeropuerto internacional. Muy cerca de Livorno, que es a su vez el *puerto* de entrada para los cruceros turísticos. Célebre por eso y por ser cuna de Pietro Mascagni, el autor de la ópera *Cavalleria rusticana*; la ciudad honra a su paisano con la Terrazza Mascagni, paseo marítimo que es el principal ágora de encuentro para los vecinos; para los cruceristas, en cambio, el interés se vuelca en los bastiones de la Fortezza Vecchia, justo frente al puerto, por donde además se accede al barrio de Venezia Nuova, un pintoresco trenzado de canales.

Las suaves colinas del centro —*colli sienese*—, el Val d'Elsa y otras vaguadas nutren las viñas del *chianti* y otros vinos afamados. El *chianti* viene a ser un país o provincia subrepticio, dividido en el *chianti fiorentino* y el *chianti senese*. Por allí lo que predominan son los viñedos, claro está, pero no faltan los otros señores de la tríada mediterránea: el olivo y el trigo (o la cebada y el maíz, que también los animales tienen que alimentarse). Esa es la parte de la Toscana que podría considerarse más épica o heroica, pues reúne mayor número de castillos y pueblos amurallados que tan buen juego dan a fotógrafos o cineastas.

Algo más al sur, un corredor como el Val d'Orcia conjuga de tal modo naturaleza y arte que ha sido declarado por la Unesco patrimonio de la humanidad el valle entero. Casi todas las imágenes icónicas que se ofrecen de la Toscana, con hileras de *cipressini* jalonando los caminos o envolviendo granjas, proceden de este valle. El cine aquí se ha cebado.

Y arrimada al mar, en el sur, la Maremma, la marisma ahora domeñada, desecada, cultivada; protegida en gran parte como parque o reserva. Y las islas del archipiélago toscano, que la Toscana es también mar, con nombre propio: el Tirreno; industrioso en Livorno, más turístico en la isla de Elba y las playas del sur.

Un microcosmos, en fin, esta región de la Toscana que nos aguarda. Un atlas de historia, arte y paisaje en el que sumergirse puede llegar a ser agotador, pero nunca cansado. Y mucho menos aburrido. Y siempre provechoso.

«¡VIVA LA GENTE NUOVA!»

En la deliciosa ópera de Puccini *Gianni Schicchi*, se canta un aria que es como un poema de gesta de Florencia:

> Firenze é come un albero fiorito
> che in piazza dei Signori ha tronco e fronde,
> ma le radici forze nuove apportano
> dalle convalli limpide e feconde (...)
> Basta con gli odi gretti e coi ripicchi,
> ¡viva la gente nuova e Gianni Schicchi!

> («Florencia es como un árbol en flor
> que en la plaza de la Señoría tiene su tronco y fronda,
> pero las raíces aportan nueva savia
> de los valles límpidos y fecundos...
> Basta de odios mezquinos y de venganzas.
> ¡Viva la gente nueva y Gianni Schicchi!»)

Esta *gente nuova* eran los campesinos que desde la montaña o la campiña emigraban a las ciudades a finales del siglo XII, a Lucca, a Pisa, a Florencia sobre todo. Esa savia nueva acabaría formando en las urbes una burguesía capaz de plantar cara a las fuerzas tradicionales: las familias nobles y la familia eclesiástica (la *famiglia* siempre, en su más turbia acepción). Esta burguesía urbana prosperaría gracias al comercio y la banca (*venga... il Medici mercante coraggioso*), lo cual, unido a las riquezas amasadas durante siglos por la nobleza y la Iglesia, haría posible el milagro de una auténtica edad de oro en la ciudad de Florencia. (Por cierto, sin la perspectiva histórica y optimista de Puccini, Dante arroja a Gianni Schicchi al octavo círculo del infierno, el de los falsarios, pues eso fue en la realidad: un impostor).

Los odios y rivalidades que alude el aria pucciniana empezaron al despuntar el *duecento*, o sea, el siglo XIII (es más gráfico hablar, como hacen los italianos, de *duecento, trecento, quattrocento* o *cinquecento* que de siglos XIII, XIV, XV y XVI, respectivamente), con luchas encarnizadas entre partidarios del emperador del Sacro Imperio (gibelinos) y partidarios del papa (güelfos). Estos últimos, al tiempo que defendían al Pontífice, abogaban por mayores libertades comunales, mientras que los gibelinos, que propugnaban un orden jerarquizado, les tachaban de anarquistas. La cuestión era matarse.

Por esa época se iniciaron las grandes catedrales de Siena o Pisa, y al finalizar el siglo comenzarían las de Florencia. Génova había derrotado a las naves de la república marina de Pisa, y

Florencia iniciaría su hegemonía acuñando los primeros *florines* de oro, los dólares de la época, extendidos allende sus fronteras.

Bien entrado el *quattrocento*, en 1434, el cabeza de una de esas familias de banqueros, Cosme de Medici el Viejo, toma las riendas del poder al ser proclamado *gonfaloniere* o «abanderado», el mandamás, para entendernos. Aunque formalmente Florencia sea una república y Cosme ponga en pie el Consejo de los Cien, los Medici se perpetuarán en Florencia como una auténtica dinastía durante varias generaciones. Cosme el Viejo marca un talante conciliador en lo político, y el mecenazgo en las artes. Se deja aconsejar por Donatello para amasar sus colecciones de arte, insta a Brunelleschi a terminar la cúpula del *duomo* y pide a Michelozzo diseñar su casa, el palacio Medici-Ricardi, y construir la biblioteca del convento de San Marcos, donde él mismo, gran bibliófilo, se reservará un par de celdas.

A la muerte de su hijo y sucesor, Piero, es el nieto de Cosme, Lorenzo de Medici, quien toma las riendas del estado florentino con apenas veinte años. Lorenzo el Magnífico, tal es el título con el que pasará a la historia. Más que por sus propias creaciones —aunque él mismo escribía poemas y poseía una rara sensibilidad artística—, por el respaldo a los pensadores y artistas de su «corte». Apoya a filósofos y humanistas como Marsilio Ficino, el Poliziano o Pico della Mirandola. Protege a pintores como Botticelli o Leonardo, crea un «jardín de esculturas» donde los jóvenes talentos, como Miguel Ángel, puedan admirar y copiar las más hermosas esculturas de la antigüedad clásica.

Leonardo era veintitrés años mayor que Miguel Ángel, y la rivalidad entre el veterano y el novato, acentuada por el encargo simultáneo de sendos murales, enfrentados, en el palacio de la Signoria, ha sido ampliamente explotada en algunos documentales para la televisión. Botticelli en cambio era de la misma edad, más o menos, que Leonardo (no es segura su fecha de nacimiento). *Botticelli* no era un apellido, sino un mote que le venía de familia, como ocurre en los pueblos, no es que el pobre fuera gordito como un «tonelillo». Puede que él y Leonardo hicieran buenas migas. Ambos tuvieron que pasar por el mismo trago amargo: una acusación anónima de sodomía.

Según su casi contemporáneo Giorgio Vasari (que escribió *Las vidas de los más excelentes arquitectos, pintores y escultores italianos*), Leonardo era un guapo mozo, y por lo que sabemos de sus minuciosas cuentas de compras y gastos, era bastante presumido en cuanto a su atuendo personal; le encantaba la ropa de calidad y el color carmesí. Tenía veinticuatro años cuando tuvo que arrostrar dos juicios por sodomía. Salió de aquello, menos mal gracias a su maestro Verrocchio (quien tenía también como alumnos en su taller a Perugino y Ghirlandaio). Veinte años después habría sido condenado a muerte, a tenor de las prédicas del fraile Savonarola, quien gritaba furioso que había que quemar a todos los homosexuales. Botticelli se libró por los pelos.

Hace unos años (en 1981, para ser exactos) se «descubrió» un misterioso *códice Romanoff* en el que muchos creímos. Según este los dibujos de artilugios y máquinas de guerra de Leonardo serían en realidad diseños de utensilios de cocina. Leonardo y Botticelli habrían abierto juntos una taberna junto al Ponte Vecchio. Allí habrían practicado una especie de *nouvelle cuisine* de esmerada presentación y menguadas cantidades; cosa que los rudos bateleros del Arno no habrían sabido apreciar, intentando incluso arrojar al río a ambos cocinillas. *Fake*, todo pura patraña. En el más piadoso de los supuestos, el dichoso códice no fue más que una broma de críticos ingleses y su peculiar *humour*.

Llevaba diez años en el poder Lorenzo el Magnífico cuando tuvo lugar una conspiración para asesinarlo, gestada por otra familia de banqueros con ínfulas, los Pazzi. No salió bien, los Pazzi fueron apresados y su *capo* Bernardo Baroncelli fue colgado de un balcón del Bargello para que todo el mundo tomara nota. Leonardo hizo un apunte del ahorcado, con sus ropas de terciopelo y su birrete.

A la muerte de Lorenzo, su hijo Piero metió la pata. Pactó con el rey francés Carlos VIII, que venía arrollando desde Lombardía para reclamar el reino de Nápoles, y eso produjo tal descontento y tumulto que Piero tuvo que esfumarse. Entonces apareció Girolamo Savonarola.

Este fraile dominico, que vino de Bolonia e hizo méritos durante los dos últimos años del Magnífico, como confesor suyo, vio llegada su gran oportunidad. Orador impetuoso, creía ver el futuro y hablar directamente con Dios. Hacía profecías, muchos le creían. Durante cuatro años instaló *de facto* en Florencia una especie de república teocrática, ultraísta, desmesurada. Predicaba contra el lujo, la impiedad de los poderosos, la corrupción de la Iglesia, el afán de gloria y la (al parecer muy extendida) sodomía.

Organizó en la plaza de la Signoria una «hoguera de las vanidades» donde los florentinos habían de arrojar los objetos vanos y «pecaminosos», como espejos, maquillajes, ropajes lujosos, instrumentos musicales. Él mismo arrojó al fuego libros «inmorales», como las obras de Boccaccio, y pinturas «procaces» de Botticelli. *La hoguera de las vanidades* de Tom Wolfe —y la película subsiguiente de Brian De Palma (1990)— es una pálida alegoría neoyorkina de aquella pira talibán.

Semejante presión tiránica no podía durar mucho. Cuatro años después, Savonarola probó su propia medicina y fue achicharrado en la hoguera, en el mismo sitio de la otra inolvidable de las vanidades, acusado de hereje. Las andanzas de este fraile advenedizo habían sido atentamente observadas por Nicolás Maquiavelo, un tipo inteligente que tenía veinticinco años cuando Savonarola tomó el poder.

Existe quien dice que, en su obra cumbre, *El príncipe*, Maquiavelo se hace eco de las desmesuras del fraile para proponer ideales de gobierno más justos y equilibrados. Otros opinan que fue en César Borgia en quien se inspiró. Y también existe quien cree que el modelo de político «maquiavélico» no fue otro que Fernando de Aragón, nuestro Rey Católico; un personaje tan taimado que ha sido capaz de venderse a la posteridad como poco menos que un santo, junto con su santa esposa Isabel la Católica.

Aunque Savonarola solo ejerció el poder cuatro años, la república entonces instaurada duró treinta y cuatro. Los Medici recuperarían el mando. Pero las intrigas y navajazos no cesaron. Uno de los episodios más sonados de esa época lo protagonizó Lorenzino de Medici, despectivamente apodado Lorenzaccio, al parecer por su fea costumbre de decapitar estatuas. Lorenzaccio mató a su primo Alejandro de Medici, duque y gobernante de Florencia en 1537, huyendo después a Turquía, Francia y Venecia. En esa ciudad fue asesinado por un sicario del sucesor de su primo Alejandro, Cosme de Medici. Estaba en casa de su amante y tenía 33 años. El poeta romántico francés Alfred de Musset convirtió esta historia en una pieza dramática, *Lorenzaccio* (1834).

Para conocer de cerca, casi podría decirse para oler y sentir esa corte crepuscular de los Medici, recomiendo la lectura de las primeras páginas de *Bomarzo* (1962), una novela del argentino Manuel Mujica Lainez, copiosa, elegante, una de las más ricas en lenguaje de la moderna literatura hispánica. Sobre ese texto compuso su paisano Alberto Ginastera una ópera homónima con momentos muy brillantes.

La estirpe de los Medici se mantuvo aún muchos años en el poder. Cosme I (no el Viejo), que era el duque de Florencia desde el asesinato de Alejandro a manos de Lorenzaccio, fue nombrado Gran Duque de Toscana en 1570. Siguió una época de cierta prosperidad, a pesar de las marrullerías políticas. Es la etapa conocida en lo artístico como el *cinquecento* y el *manierismo*, con artistas activos en Florencia como el propio Vasari, Andrea del Sarto, Jacopo Pontormo, Francesco Salviati o el Bronzino.

A pesar de todo seguía pesando la sombra del oscurantismo de la Iglesia. Galileo, protegido por Cosme pero procesado por atreverse a decir que era la tierra la que giraba alrededor del sol, y no al contrario, y otras herejías por el estilo, murió en 1642 en arresto domiciliario, a las afueras de Florencia. Liliana Cavani filmó una película conmovedora sobre su calvario, *Galileo* (1969), y en 1975 también Joseph Losey realizó su propio *Galileo*, más didáctico y profundo, como era de esperar al adoptar como guion la pieza teatral de Bertolt Brecht. Galileo tuvo que mentir, renegar de la evidencia para que la Inquisición no lo quemara vivo, como acababa de hacer con Giordano Bruno. El papa y la Iglesia le han pedido perdón con 500 años de retraso.

En 1737, murió sin descendencia el último vástago de la estirpe medicea, Gian Gastone, y su hermana Anna María Ludovica legó al Estado toscano las colecciones que la familia había ido almacenando en los Uffizi y en el Palazzo Pitti. Con el *Risorgimento* fueron expulsados de Florencia los últimos duques de Lorena, austriacos, en 1860. Entre 1865 y 1870, fue Florencia la capital del nuevo Estado italiano. Pero, cuando la reunificación de Italia se completó en 1870, el poder se fue a Roma.

Desvelados los *dramatis personae*, es hora ya de echarse a descubrir Florencia.

LA ETERNA JUVENTUD

Hay dos cuadros que atraen a los turistas como moscas, en el museo de los Uffizi. Están juntos, son de Botticelli: *El nacimiento de Venus* y *La Primavera*. En este último, observados por la figura central de una Venus vestida, humanista, están a un lado las tres Gracias y Mercurio, y al otro lado, los padres vernales, Flora y Céfiro, impulsando suavemente a una Primavera desnuda, velada apenas por transparencias. Flora, la diosa eternamente joven, con un vestido cuajado de flores, llevando en su regazo las flores primaverales y las semillas de los futuros frutos, mira resueltamente a cámara y se convierte en la auténtica protagonista de la escena.

Flora, además de dar a luz a la Primavera, dio nombre a Florencia. Gracias a Julio César, su fundador, aquel señor que escribía para los chavales de primero o segundo de latín. Y que debía de ser un sádico, o un bromista: poner el nombre de la eterna juventud a una *colonia* de militares veteranos, o sea eméritos, o sea jubilados...

Es un tópico socorrido al hablar de Florencia mencionar el «síndrome de Stendhal», un malestar físico que sobreviene a los turistas por el atracón de belleza; «sobrecarga sensorial», según los médicos. He pasado muchas horas pateando iglesias y museos florentinos y no he visto a nadie desmayarse. Más que de síndrome de Stendhal, yo prefiero hablar del «síndrome de Tomás», el apóstol que quería meter su dedo en la llaga del Resucitado para convencerse de lo que en teoría ya creía. Los turistas actuales conocen de antemano la Florencia que van a visitar, se lo han incrustado en sus molleras desde párvulos. Pero necesitan convencerse, verlo con sus propios ojos, constatar que toda esa belleza sigue allí. Y sacar una foto.

¿Cómo enfrentarse al atracón espiritual —y palizón físico— que brinda Florencia? Una buena manera de abordarla es fijar prioridades, como cuando se lanza una piedra a un estanque: seguir los círculos de agua, cada vez más amplios, hasta donde permitan las fuerzas; después de todo, el propio Dante exploró por este sistema de círculos el más allá, nada menos.

Ateniéndonos a este método práctico, habría que fijar la mirada, en primer lugar, en la plaza de la Signoria, auténtico ombligo cívico y demótico de la ciudad. A diferencia de otras urbes antiguas, donde el *ónfalos* sagrado es la catedral, en esta plaza de Florencia late su dimensión política en el más noble de los sentidos. Ágora, museo pleno de estatuas y archivo de sus horas de gloria o de dolor. Estatuas y fuentes de artistas ilustres —el *David* es copia, una de las tres o cuatro repartidas por el callejero— se mezclan sin remilgos con la incesante multitud.

El Palazzo Vecchio sigue siendo Ayuntamiento, tal vez el consistorio más bello del mundo, con obras de Miguel Ángel, Leonardo y otros genios. Y un salón deslumbrante, el llamado «del *cinquecento*» decorado con frescos del Vasari y casetones, en el techo, que son celdas que aprisionan malamente una belleza desbordante.

Al girar la mirada a ese porche de las maravillas que es la Loggia dei Lanzi (de los lanceros o lansquenetes), es imposible no acordarse de los dos jóvenes tortolitos de *Una habitación con vistas* (1985), la película de James Ivory sobre una novela de E. M. Forster. Una historia paradigmática, soñada, deseada. Las palomas tienen cada vez más difícil, entre pinchos y mallas, cubrir de canas los cabellos del *Perseo y Medusa* de Cellini y otras estatuas honorables. Aunque para ver estatuas a granel habría que recorrer unos pasos hasta el vecino Bargello, que fue el primer Ayuntamiento, luego cárcel, ahora un baúl de tesoros de mármol o bronce, obras sublimes de Donnatello, Ghiberti, Miguel Ángel, Giambologna...

En ese edificio se dictó la orden de destierro contra Dante, de quemarlo vivo si le echaban el guante. Florencia, quiera o no reconocerlo, tiene un grave complejo de culpa respecto al padre de la lengua italiana y autor de *La divina comedia*. Le ha construido una «Casa de Dante» inventada, ha repartido una treintena de placas con citas suyas en el que llama «barrio de Dante», le ha erigido una estatua delante de Santa Croce y, dentro, un cenotafio pomposo (pero vacío). Dante no quiso volver jamás a su ciudad, por si las moscas.

Hemos mencionado los dos centros de poder o Ayuntamientos, ahora museos, pero no hemos dicho nada de sus oficinas. O sea, los Uffizi, que eran eso, las oficinas de los Medici. Y también museo en la actualidad, uno de los mejores del mundo. Lo mejor del Renacimiento italiano está allí dentro, imposible entrar en detalle, así como obras maestras de la estatuaria grecorromana. Fuera están los mercaderes del templo, a los que ningún mesías puede expulsar a latigazos, por la sencilla razón de que ya están en la calle.

El epicentro religioso debería situarse en torno al *duomo*, que bascula entre dos plazas geminadas. En la de San Giovanni, frente a la fachada catedralicia, se yergue el Baptisterio, de lo más antiguo, ya que formaba parte de la basílica de Santa Reparata, del siglo IV. Sus puertas abrieron paso, literalmente, al Renacimiento. Miguel Ángel apodó «Puerta del Paraíso» a la que Ghiberti tardó veintidós años en realizar, incluyendo discretamente un autorretrato suyo.

Para la catedral gótica, edificada sobre la basílica paleocristiana, proyectó Giotto un *campanile* delicado y polícromo (como cabía esperar de un pintor). Y Brunelleschi, un siglo más tarde, una cúpula revolucionaria, la más grande de su tiempo, émula de la del Panteón de Roma, y arranque de la arquitectura renacentista. Hay quien se deja el bofe para subir al *campanile*, o a la cúpula, a ver tejados. Puede ahorrarse el esfuerzo bajando, en vez de subir, y contemplar en las tripas del Museo dell'Opera del Duomo la bellísima *Cantoria* o tribuna de Andrea della Robbia, y otra de Donatello, entre muchas otras maravillas.

Dije que el epicentro religioso debería ser el *duomo*, pero tal vez no lo sea. En Florencia las parroquias «históricas» que aglutinaban a los barrios tradicionales eran, además del *duomo* (San Giovanni y Santa Reparata), Santa Croce y Santa María Novella. También San Lorenzo, muy vinculada a los Medici (el viejo Cosme, fundador de la estirpe, está enterrado en la nave). La iglesia de San Lorenzo, rehecha por Brunelleschi, es prototipo de los templos renacentistas, pura armonía y proporción.

Pero el mayor interés de los visitantes lo despiertan sus Capillas Mediceas, la Sacristía Vieja y Sacristía Nueva, donde están los dos sepulcros que Miguel Ángel labró para dos duques cuyos nombres nadie recuerda, aunque sí el de los «adornos», *Aurora y Crepúsculo* en uno, *Día y Noche* en el otro. En la Biblioteca Medicea-Laurenziana, Miguel Ángel diseñó una escalera innovadora. San Lorenzo ha conservado sabor de barrio gracias a su Mercado Central de hierro y cristal —que los florentinos no permitieron demoler, hace no tanto, bravo— y los puestos callejeros de cuero, camisetas, *souvenirs* y chucherías.

Santa María Novella vale por un museo, y como tal se paga, por tramos, además. La fachada fue rematada por León Battista Alberti, prototipo de *hombre renacentista* del *quattrocento* que de todo sabía, y mucho. En su interior hay *capolavori*, verdaderas obras maestras: en la capilla Filippo Strozzi, decorada con frescos de Filippino Lippi, Pampinea, un martes por la mañana, propuso a sus amigas alejarse de aquella *peste negra* de 1348, retirarse a contar cuentos durante diez días, y servir a Boccaccio en bandeja el *Decamerón*.

En la capilla Tornabuoni, Ghirlandaio retrató en sus frescos a aristócratas conocidos, como era costumbre. En otra capilla, Masaccio dicta en *La Trinidad* una lección de perspectiva.

La capilla Strozzi y la llamada Capilla Española están cubiertas también de frescos, así como el «claustro verde» donde Paolo Ucello pintó un diluvio *profético* (casi se lo lleva por delante la inundación de 1966). Con todo, algunos visitantes muestran interés, más que en las pinturas, en los jabones, potingues y perfumes que venden en el museo anexo de la Officina Profumo-farmaceutica, abierta por los propios dominicos que fundaron la iglesia y que siguen con el negocio.

En la plaza misma de Santa María Novella, en un antiguo albergue medieval de peregrinos, el Museo Novecento sirve de contrapunto a tanta opulencia renacentista, mostrando obras de pintura y escultura del siglo XX. Es muy interesante la planta dedicada a las películas rodadas en Florencia. Hasta James Bond (*Quantum of Solace*) o los personajes zascandiles de Dan Brown (*Inferno*) han corrido sus locas aventuras en el solemne plató florentino, pero hay que tener en cuenta que son muchas más las películas que recurren al infalible gancho de la Toscana, convertida casi en un género cinematográfico.

Si hay un templo en Florencia que pueda hacer sombra a la catedral, es Santa Croce. Para quien esto escribe, el primer encuentro con Santa Croce, siendo aún pipiolo, fue como una revelación. Sin *Baedeker*, como en *Una habitación con vistas* (las *Baedeker* eran unos tochos alemanes, guías imprescindibles de cualquier viajero culto desde comienzos del siglo XIX, sustituidas más tarde por las francesas *Guides Bleues*, jubiladas todas por el omnisciente y omnipotente *telefonino*).

Estaban ensayando, orquesta y coro, el *Requiem* de Verdi para el concierto de la tarde. Las hechuras góticas de las naves parecían levitar, llevándose las voces en volandas al *Crucifijo* pintado por Cimabue. Sonaban las trompetas del Juicio, pero las pinturas de Giotto y su discípulo Taddeo seguían impertérritas, más reales que la realidad misma, podías meter el dedo en la llaga.

Estaban además muchos de los hombres más ilustres de Italia, Miguel Ángel, Maquiavelo, Galileo, Dante (su sombra), Rossini, Ghiberti... Leo en algún papel que pasan de trescientos los ilustres inquilinos de este panteón.

Santa Croce es mucho más que un templo, es un órgano vivo de Florencia, un barrio. A las puertas de la iglesia se revive aún el *calcio* histórico, antecesor del fútbol, del *rugby* y de la lucha libre, todo junto. Un juego a lo bruto entre caballeros (participaban los Medici, futuros papas incluso) que se lanzaban a muerte, había sangre, estuvo prohibido muchos años por eso. Ahora se celebra un torneo *de salón* en junio, entre las cuatro *contrade* históricas, veintisiete jugadores por equipo.

La vida del barrio (y de otros próximos, como San Frediano) la describió muy bien el escritor Vasco Pratolini (muerto en 1991). Es la *otra* Florencia, la de los currantes, los talleres de motos y vecinas gritando en las ventanas. Cuatro de sus novelas «neorrealistas» fueron llevadas al cine, dos de ellas por Valerio Zurlini (*Le ragazze di San Frediano*, 1954; y *Crónica familiar*, 1962); otra de sesgo histórico-político, *Metello* (1981), la filmó Mauro Bolognini. Cerca (en Via Ghibelina) está la casa de Miguel Ángel. También a Galileo le adecentaron su casa familiar (Via Costa San Giorgio). Santa Croce era, además, una zona de copas por la noche, aunque se sabe que estas «movidas» se *mueven* con el tiempo de un sitio a otro.

Dado el lugar donde estamos, es hora ya de enfrentarse al mayor asesino en serie de Florencia: el Arno. Podemos ver registradas sus fechorías por esquinas y fachadas de todo el vecindario. Alguna tan antigua como la de 1333. La peor y más reciente, todavía en la retina de muchos, la del 4 de noviembre de 1966, cuando vimos en los noticiarios a la cruz de Cimabue arrastrada por el lodo, junto a más de 15 000 vehículos, con 100 000 vecinos subidos a los tejados un día entero, 35 muertos, tesoros perdidos para siempre...

Este Arno traidor posa muy bien en las fotos, el muy ladino, con sus puentes y sus atardeceres dorados. El Ponte Vecchio puede que sea el puente más fotografiado del mundo, más que el de Brooklyn o el de San Francisco. Ni siquiera los nazis se atrevieron a volarlo, como hicieron con todos los demás. Quedan pocos puentes medievales cubiertos, como este, con casetas destinadas antaño a nabos y lechugas, y ahora, a bisutería fina, también oro de ley, que conste. Los Medici, para no mezclarse con la plebe, usaban el *corridoio vasariano*, pasadizo misterioso construido por Vasari que discurre entre el Palazzo Vecchio y sus oficinas, los Uffizi, cruza el puente por el tope, y hace un quiebro para llegar al Palazzo Pitti, en el Oltrarno, o sea, al otro lado del Arno.

Ese palacio del Oltrarno lo mandó construir el banquero *golpista* Luca Pitti, condenado a muerte e indultado; pero al final se arruinó y compraron el palacio los Medici, quienes lo ampliaron y fijaron en él su residencia. Tiene dentro tres museos, y fuera, colas incansables. Porque muchas de las obras de arte coleccionadas por la familia Medici a lo largo de los siglos se muestran en uno de esos museos, la Galleria Palatina: nada menos que treinta salas repletas de Rafaeles, Tizianos, Tintorettos, Caravaggios, también maestros flamencos...

Los otros dos son un museo de orfebrería, y otro de arte moderno (siglos XIX y XX).

Los Jardines Boboli, a sus espaldas, multiplican la desmesura del edificio. Los turistas, ajenos a la secreta sabiduría de ese laberinto vegetal, se afanan por acercarse al enano Morgante, bufón de Cosme I encarnando al dios Baco sobre una tortuga; la cosa es, si no te ven, tocarle al *Bacchino* los cataplines, pues eso te asegura el regreso a Florencia. Lo mismo sucede si le tocas los colmillos al *Porcellino*, un jabalí de bronce del Mercado Nuevo, que no anda muy lejos.

En esta parte baja del Oltrarno, hay dos iglesias imprescindibles. Una, que «hace barrio», es la de Santo Spirito, abocetada por Brunelleschi, su última obra. Más allá, en la plaza a la que da nombre, la iglesia del Carmine, con la capilla Brancacci y los frescos revolucionarios de Masolino y su discípulo Masaccio, quien, como de costumbre, metió en las escenas sagradas retratos cobistas de amigos y protectores. También hay por estos barrios algunas villas de cuando a los ingleses les daba por jubilarse en la ciudad. La Casa Guidi conserva antigüedades del matrimonio inglés de poetas Elizabeth Barret y Robert Browning, que no fueron los únicos.

En Villa Strozzi, conviene que nos detengamos un momento. Cuando se habla de Florencia, se piensa en pintura, escultura, arquitectura. No en música. Pues conviene recordar que fue en Florencia donde el llamado *ars nova* marcaba la transición de la música medieval al Renacimiento. El florentino Francesco Landini fue el compositor más célebre de Italia en el siglo XIV. Suele señalarse al *Orfeo* de Claudio Monteverdi como la primera ópera conocida. No es cierto: las dos primeras óperas las escribió Jacopo Peri para la Camerata Fiorentina que impulsó el conde Bardi, también compositor. Y se presentaron en Florencia *La Dafne* (1597) y *Euridice* (1600).

El duque de Mantua estaba presente en la representación de esta última, y tanto le gustó que encargó a Monteverdi, sobre el mismo mito, *La favola d'Orfeo* (1607) para su corte. En Florencia, dio un concierto un Mozart adolescente, en 1770. Diez años antes había nacido en la ciudad Luigi Cherubini, cuyo apellido deja intuir algo su música. En Villa Strozzi sigue funcionando el «Estudio» *Tempo Reale*, fundado por Luciano Berio (fallecido en 2003) para investigar y difundir la música electrónica. Florencia estuvo en el principio y está en el futuro de la música.

Nos habíamos olvidado de la teoría y método de los círculos, y nos estamos alejando mucho. Hay tres focos, cercanos entre sí, que no podemos omitir. Uno es la Piazza dell'Annunziata, tal vez la más hermosa y armoniosa de Florencia, sale sin falta en todas las películas. Presidida por el Ospedale degli Innocenti, el orfanato que Cosme el Viejo encargó a Brunelleschi, y en el que Andrea della Robbia colgó los medallones publicitarios de unas pobres criaturitas para dar lástima.

A su flanco, otro pórtico, el de la iglesia de la Santa Annunziata, y un templete con la imagen de la Virgen pintada por el mismísimo ángel que vino a hacer la Anunciación. Y un pórtico más, de Sangallo, cerrando otro flanco. El Museo Archeologico, con piezas etruscas muy interesantes, se aloja en el espacioso Ospedale.

A espaldas de esa plaza está la Galleria dell'Accademia, abierta como museo un par de siglos después de que se fundara la propia Accademia en 1563, para instruir a futuros artistas. Allí reina el *David* de Miguel Ángel, escoltado de *esclavos* y *prisioneros* apenas esbozados en la piedra, el *non-finito* como profecía del expresionismo futuro. También de Miguel Ángel es la *Pietá da Palestrina*, y no olvidemos la colección de cuadros, de firmas como Ghirlandaio, Botticelli, Filippino Lippi, Andrea Orcagna y otros grandes.

El *David* fue traído aquí en 1873, desde la plaza de la Signoria. Para llevarlo a aquella plaza desde el taller del escultor, se tardó cuatro días, cuarenta hombres tirando con cuerdas y la estatua protegida por contrapesos, avanzando lentamente sobre rodillos de madera. La gente se paraba a mirar y algunos apedrearon e insultaron al *David*. También después le quisieron añadir una hoja de parra para tapar sus vergüenzas (¿vergüenza de qué?), lo mismo que ocurrió con las *braghe* pintadas más tarde en sus desnudos de la Capilla Sixtina. *Haters* e imbéciles los ha habido siempre.

También muy cerca están la iglesia y convento de San Marcos, que rehízo Michelozzo por orden de Cosme el Viejo, quien se reservó un par de celdas. En su día, Savonarola ocupó las del prior. En varios cubículos se pueden ver pinturas de Fra Angelico (*beato*, a medio paso de la santidad, por cortesía de Juan Pablo II); aparte de *La Anunciación* o *El santo entierro*, es de impresionante tamaño la *Crucifixión* que pintó en la sala capitular. También hay pinturas de Benozzo Gozzoli. San Marcos es un oasis de paz en las agotadoras jornadas florentinas.

En la misma onda circular, pero en el extremo opuesto, en el Oltrarno, San Miniato al Monte puede servir de epílogo, para lanzar sobre Florencia una mirada de despedida. Este san Miniato, del tiempo de los romanos, debió de ser todo un carácter. Cuando le cortaron la cabeza, en el anfiteatro, la tomó en sus manos, cruzó el Arno y subió al monte hasta el lugar donde quería su iglesia. No fue muy original, lo mismo hicieron Saint Denis en París o San Lamberto en Zaragoza, entre otros. Santos cefalóforos, se llaman. Parece mentira que San Miniato sea una iglesia románica, los mármoles geométricos y ordenados de su fachada son ya renacimiento puro. Y su interior, deslumbrante. Pero el sitio ideal para lanzar una mirada final, comprensiva, sobre Florencia no es San Miniato —y mucho menos el abarrotado, alborotado y motorizado *piazzale* Michelangelo—. Es mejor desplazarse a la cercana Fiésole; llegan los autobuses de línea. Allí, después de visitar las ruinas etruscas y romanas, y la magnífica basílica medieval, lo que cumple es sentarse bajo un emparrado, con una copa de vino local, a contemplar de lejos la ciudad de Flora, la de juventud insultante y eterna, a resguardo de sus zarpazos stendhalianos. Como hicieron los diez cuentacuentos del *Decamerón* aquí mismo, en Fiésole, para burlar el contagio de la peste.

Solo que la eterna juventud también es contagiosa.

La seda venía de China, de Hangzhou, a más de 8000 kilómetros. Un río pequeño, pero industrioso, que baja de la montaña, el Serchio, movía ruedas y turbinas de molinos y talleres para convertir la preciosa mercancía en brocados y damasquinos. Así se enriqueció la pequeña ciudad fundada por los etruscos y colonizada por los romanos. Hablamos de Lucca.

Las migajas romanas aparecen donde menos te lo esperas, en capiteles de una iglesia, por ejemplo, o en el perímetro mismo de una plaza que es la huella del viejo anfiteatro. Ascendida a *comune* o ciudad libre gracias a su industria textil, permaneció casi 500 años como república independiente del Gran Condado de Toscana. Hasta que llegó Napoleón, en 1805, y puso a su hermana Elisa al mando de un principado cortado a su medida.

Por esas fechas, más o menos, se había ido esfumando la *ruta de la seda*. Pero tomaron el relevo los molinos de papel, además de molturar cereal. Y la ciudad siguió acuñando moneda propia hasta 1840. Incluso cultivó un habla entre los mercaderes y *pactieri* (intermediarios) que sustentaban el poderío de Lucca. Bien patente en su anillo de murallas y baluartes, que fue creciendo de dentro afuera: todavía se ven restos de la muralla primitiva, medieval e incluso romana, con puertas como la de San Gervasio y el pequeño caz que surtía de agua a los telares y talleres de seda.

Ese cinto se expandió, y a mitad del siglo XVII quedaba completado un óvalo de más de cuatro kilómetros de perímetro y treinta metros de anchura, reforzado por once baluartes y rodeado de verdes praderas (no destinadas a hacer picnic, sino a poner tierra de por medio frente a un posible atacante). Con muy buen criterio, los ciudadanos de Lucca no permitieron la demolición de estas defensas. Y ahora pueden disfrutar del tope de la muralla como sala de estar y charlar, o bien para correr, pedalear, pasear al perro, incluso jugar al fútbol los chavales en los baluartes, más anchos.

Hecha esta somera presentación de Lucca, hay que decir enseguida que se trata de una cita obligada para tres tipos de seres humanos: los forofos de la música, los aficionados al cine y los amantes del arte y de la buena mesa. Vayamos por partes.

Para los melómanos, Lucca es una ciudad sagrada. Una meca de peregrinaje. Ante todo, porque aquí nació Giacomo Puccini, en 1858, dentro de una familia de cinco generaciones de músicos, para empezar. En una casa, junto a Piazza Cittadella, que ahora, más que museo, es un *lieu de mémoire* donde se puede ver y no tocar, y mucho menos fotografiar. Una estatua sedente del compositor, en la plaza, parece tomar nota del bullicio de terrazas y cafés para el acto segundo de *La Bohème*, una de las tres óperas más representadas de la historia (las otras dos son *La Traviata* y *Carmen*).

Junto al lago de Massaciuccoli, cerca de Lucca, Puccini se hizo construir una villa modernista porque le encantaba, además de componer óperas, cazar patos («la escopeta es mi segundo instrumento», decía). Allí compuso muchas de sus obras, en el piano Förster del estudio. Puccini murió en Bruselas en 1924, pero está enterrado en la capilla de Torre del Lago. La villa fue convertida en museo por su hijo único, Antonio, al año siguiente de morir el músico. Y en el teatro al aire libre de Torre del Lago se celebra cada estío el Festival Puccini.

En el Teatro del Giglio de Lucca estrenó alguna de sus óperas más conocidas, como la citada *Bohème*, *Madama Butterfly* o *Tosca*. En el inicio de esta última, el pintor Cavaradossi canta una de las arias más célebres del repertorio lírico: «Recondita armonía / di bellezze diverse»...

El tenor se refiere a los ojos de sus dos amantes, azules los de Flora, negros los de Tosca. Pero más que a rostros femeninos se refiere a la *escondida armonía* a su alrededor, en Lucca, en toda la Toscana.

Puccini no es el único músico de Lucca. Antes de él, Luigi Boccherini (1743-1805) había nacido en la ciudad, aunque luego se mudó a España, a la corte del infante don Luis de Borbón, hermano de Carlos III. «Exiliado» junto a su amo en Arenas de San Pedro (Ávila), compuso allí algunas de las páginas más castizas del Madrid goyesco. Sus huesos fueron devueltos a Lucca en fechas recientes y se dio su nombre al Conservatorio local. También nacieron en Lucca Francesco Geminiani (1687-1762), discípulo de Corelli y de Domenico Scarlatti (otro emigrado a la corte hispana), y Alfredo Catalani, coetáneo de Puccini, y a quien ha bastado un solo aria de su ópera *La Wally* para hacerse un hueco entre los inmortales.

También los cinéfilos tienen cita obligada en Lucca. La relación de esta ciudad con el cine es grande, allí han rodado estrellas como Alberto Sordi, Ugo Tognazzi, Bertolucci o Spike Lee. En el Palazzo Pfanner se filmó parte de *Retrato de una dama* (1996), versión de la genial Jane Campion de la novela *The Portrait of a Lady* (1881) de

Henry James (la música es del compositor polaco Wojciech Kilar, un clásico moderno). Además, lo que tratan película y novela es un *déjà vu* en la Toscana: aristócratas ingleses que van a disfrutar las delicias meridionales de Italia, y tienen sus líos de gente fina.

Muchas películas se han rodado en las villas de la campiña luquesa, que son más de 300, construidas por los ricos comerciantes locales para su asueto. Un par de ellas, dignas de los zares, aparecen en *El inocente* (1976), obra póstuma de Lucchino Visconti sobre la novela homónima de Gabriele D'Annunzio. Y otra, Villa Bottini, ha sido escenario de un festival de cine. Hay villas renacentistas, barrocas, modernistas, muchas se pueden visitar, incluso dormir en ellas.

La última aparición estelar de Lucca en las pantallas es la cinta alemana *Un verano en la Toscana* (2019), vago *remake* de la película de Billy Wilder *¿Qué ocurrió entre mi padre y tu madre?* (1972). Esta versión actualizada, aparte de hacer un despliegue visual de Lucca y tocar espinosos temas de actualidad, como la inmigración china, ha sido una ocasión perdida de rodar el guion original que la censura prohibió a Billy Wilder, en el cual la trama tenía mayor consistencia; pero, claro, el título habría tenido que ser *¿Qué ocurrió entre mi padre y tu padre?*

La tropa más nutrida de peregrinos a Lucca es, por supuesto, la de los amantes del arte. El románico de Lucca es capítulo aparte. Cosa de orfebres más que de picapedreros. Aunque no es la iglesia principal (jerárquicamente), San Michele es la auténtica prima donna en «la ciudad de los cien templos», como la llamaban —pero, ay, ahora «solo» queda la mitad.

San Michele in Foro preside la plaza que lleva su nombre y que es sin duda como la plaza Mayor, la más animada, donde todo sucede. El nombre mismo del templo denuncia que ahí estaba el foro romano. Uno podría pasar horas acariciando con la vista las coquetas columnas de sus cuatro galerías de fachada, todas distintas; apurando un *bucellato*, la golosina típica de la Pasticceria Taddeucci, pegada al *campanile*.

Pero «manda» más la catedral, el *duomo* de San Martino. Se parece mucho a San Michele en la fachada. Dentro tiene dos cosas que imantan a los visitantes: el *Volto Santo* y el sepulcro de Ilaria. El *Volto* es un crucifijo que, según la tradición, habría tallado Nicodemo (el que ayudó a descender al Crucificado); se reviste de oro y gemas en septiembre, cuando se celebra la fiesta mayor, y se saca en procesión a la luz de las antorchas, emocionante. La liturgia católica maneja bien la dramaturgia y la escenografía.

El túmulo marmóreo de Ilaria del Carretto, *la donna più bella di Lucca*, fue esculpido por Iacopo della Quercia en 1408, cuando la que era segunda esposa del Señor de Lucca murió de parto con solo 24 años. Antes de San Martino fue catedral San Giovanni, que está al lado, a la que Oscar Wilde definió *ex cathedra* como «el rincón más bello del mundo». Ahora está desacralizada, pero me parece la más interesante por dentro.

Se pueden visitar sus tripas (cimientos longobardos, baptisterio, incluso mosaicos romanos) y muchas noches se celebran conciertos de música clásica. No es muy llamativa de fachada (a pesar de un mosaico de estilo bizantino) de la iglesia de San Frediano, pero su interior basilical es fastuoso, con algunos capiteles romanos de acarreo, y, sobre todo, es la que eligen los paisanos para casarse. Manías que tiene la gente.

Aparte de todas estas cosas, siempre que uno piensa en Lucca le viene a la mente la Via Filungo y calles aledañas. En esa «calle mayor» y alrededores, entras a comprar una corbata expuesta en el escaparate y te encuentras rodeado por frescos barrocos de todo un señor palacio. La buena vida es proverbial en Lucca. Imposible olvidar las diablutas de la Cioccolateria Caniparoli, o de la Gelateria Santini, o la *focaccia* del Forno a

Vapore di Amedeo Giusti. También el placer de la lectura: en la librería-palacio Edison descubrí a dos autores locales, Guglielmo Petroni y Fabio Genovesi, nada fáciles de encontrar.

El río que viene de la montaña, el Serchio, vertebra también una ruta golosa, la *strada del vino e dell'olio*. Y va abriendo un corredor repleto de castillos, iglesias románicas, molinos y pueblos montaraces. Remontando la corriente, al llegar a Borgo a Mozzano, sale al paso el Puente del Diablo, uno de los muchos que el maligno construyó a lo largo y ancho de la cristiandad, y en una sola noche. Deberían proclamar al Diablo patrón de los ingenieros de caminos.

En Fornaci di Barga, reposan al sol secaderos de castañas. De ellas sacaban la *farina di necio* que junto al *formentone*, harina de farro, y otras servían para elaborar la polenta que aplacó hambres durante siglos. El farro, tan de moda por aquí, es un cereal primitivo, parecido a la espelta, aunque no son lo mismo. Una sorpresa mayúscula es la abadía románica de Loppia. Desde allí un camino sube directo a la Puerta Real de Barga. Miembro del club *I borghi più belli d'Italia*, apostado sobre una colina y ceñido de muros, torres y puertas, ofrece vistas únicas sobre el valle y la montaña. Se unió a los Medici en 1342 y eso hace que sus mansiones sigan los moldes *quattrocentistas* de Florencia. Un *duomo* con terracotas de la familia Della Robbia aglutina el casco viejo.

Llama la atención, en ese dédalo medieval, el Teatro dei Differenti, una bombonera dieciochesca que cobró nueva vida cuando un matrimonio inglés lo convirtió en sede de Opera Barga, un festival de ópera y música clásica. La vena culta de Barga viene de lejos; en 1895, el poeta Giovanni Pascoli se instaló con su hermana María y su perro Gulí en una villa de Castelvecchio, a una legua escasa. Allí compuso los *Canti di Castelvecchio*, murió y fue enterrado en la capilla. La casa se visita como museo. Para los críos italianos, Barga es un lugar especial, donde tiene su guarida la Befana, la bruja buena que a principios de año les trae juguetes y dulces, como hacen los Reyes Magos en España.

Aguas arriba del Serchio se entra en la cabecera del valle, la Garfagnana. Allí las crestas alpinas son más severas, en contraste con las laderas jugosas que lucen enfrente los Apeninos. El centro administrativo y comercial es Castelnuovo di Garfagnana. Un pueblo amurallado cuyas calles se tornan mercadillo cada jueves desde 1430. Los muros y rincones medievales contrastan con tiendas exquisitas donde se mercan sedas y brocados artesanales.

Una escultura de don Quijote, junto al fortín llamado Rocca Ariostesca, despierta la curiosidad:

la escultura se debe a unas Jornadas Cervantinas allí celebradas. El nombre de la Rocca tiene aún más miga: el gran poeta renacentista Ludovico Ariosto, al no salir de pobre con la segunda edición de su *Orlando furioso*, tuvo que aceptar del duque de Ferrara el empleo nutricio de «comisario ducal» de la Garfagnana. Durante tres interminables años, en lugar de escribir versos, que era lo suyo, tuvo que bregar con robos, homicidios, odios y venganzas («o stiami in Rocca o voglio all'aria uscire / accuse e liti sempre e gridi ascolto, / furti, omicidi, odi, vendete et ire»).

Le traía especialmente de cabeza un bandido apodado el Moro, que acaudillaba las partidas que infectaban el vecino monte Sillico. Así lo hizo constar en su abultada correspondencia con el duque. Enfrente de esta Rocca, en una colina al otro lado del río, se asienta otra de las fortalezas más formidables de la zona, Mont'Alfonso. Y es que esta cabecera de valle tuvo siempre importancia estratégica. Era paso de peregrinos alternativo a la Via Francígena. También de pastores trashumantes (se está tratando de recuperar la raza ovina autóctona *garfagnina*). Y, claro está, de ejércitos. Y no hablo de las legiones romanas, sino de episodios de la última guerra mundial, crueles, inútiles. Mejor olvidados.

BUENOS DÍAS, BABILONIA

¿Quién no ha evitado alguna vez que la torre inclinada de Pisa se cayera? Sujetándola con la mano, el dedo o con la espalda... a la distancia justa del objetivo de la cámara. Antes de tirar la primera piedra, quien se crea libre de culpa que repase bien su Instagram, Facebook o álbum familiar de fotos.

Incluso quienes no han estado allí la conocen. La torre inclinada de Pisa es un icono universal, no solo italiano. Las obras comenzaron en 1173 y empezó a torcerse antes de llegar al tercer piso, de los ocho que tiene. Enseguida hablaremos de ella. Y de la llamada Piazza dei Miracoli, donde se encuentra, junto a la catedral (la torre es el *campanile* o campanario exento), el baptisterio, también exento y el Camposanto.

La mayoría de quienes viajan a Pisa se limitan a rondar por esta campa. Desde luego, hay que dedicarle tiempo. Semejante constelación artística debe suponer un trasfondo, una explicación. Y es que Pisa, cuyo puerto ya fue de utilidad para los romanos, en la Edad Media adquirió protagonismo. Al filo del milenio, Pisa era una república marina independiente, rival de las otras potencias marinas italianas, que eran Génova, Amalfi y Venecia. Los barcos pisanos navegaban por todo el Mediterráneo y llegaban incluso a Oriente, estimulando así el tráfico de mercancías, pero también de conocimiento.

Por las luchas que ahora pueden parecernos absurdas, pero que fueron devastadoras, crueles, entre partidarios del papa o del emperador y de las que ya hemos hablado, Pisa se enfrentó a las ciudades más poderosas de su entorno, como Lucca, Siena o Florencia, hasta caer bajo dominio de esta última, en 1406. Tampoco le fue tan mal bajo la férula de los Medici; entre otras cosas, cobró lustre su universidad, en la cual dio clases un hijo distinguido de la ciudad, Galileo Galilei. Aquí muestran su casa natal, aunque es en Florencia donde están la casa familiar y la tumba del científico amordazado por la Iglesia.

Sin embargo, no fueron aquellas luchas fratricidas en las que se demolían casas y se quemaban vecinos las que más daño hicieron: fue en la Segunda Guerra Mundial cuando quedó destruida casi la mitad del casco antiguo. A pesar de lo cual queda bastante para ver. El hilo conductor es el Arno. A su orilla o *lungarno* sur asoman una iglesia gótica, lechosa y coqueta, donde se guarda una espina de la corona de la Pasión; y el llamado Palazzo Blu que, a pesar de su fachada medieval grisácea, aloja en su interior arte y mobiliario de siglos posteriores. Al llegar al Ponte di Mezzo, cruzando a la orilla norte, se penetra en el *borgo* medieval, donde están las calles más de foto y los mejores sitios para comer y reposar.

El Camposanto y la catedral de Pisa acaparan los primeros planos de *Good morning, Babilonia!*, la película entrañable, casi lacrimógena, que los hermanos Taviani estrenaron en 1987. Una familia de canteros, padre y siete hermanos, dedicados a restaurar catedrales medievales se ve rota por culpa de la crisis (siempre hay alguna crisis) y los dos hermanos pequeños deciden emigrar a América. Allí, un golpe de suerte —y el recuerdo de las figuras románicas que restauraban en Italia— les lleva a introducirse en el mundo deslumbrante y opulento de Hollywood.

Como esa familia del siglo XX hubo antes muchas otras. Familias de maestros de obra y canteros que emigraron en la Edad Media (en todas edades hay hambre) y llevaron su buen hacer a lugares tan alejados como el Pirineo catalán y aragonés, donde encontramos esas fajas de arquillos ciegos tan características del llamado románico lombardo, estilo que en su modalidad toscana se prodiga en ristras de columnas y convierten las adustas fachadas en alegre verbena, como vimos en Lucca.

En la Piazza dei Miracoli, la prima donna es la torre, desde luego. Inclinada... por la mala cabeza de los maestros de obra que apilaron casi quince toneladas de material sobre solo cuatro metros de cimiento. Pero lo *milagroso* es a todas luces la armonía que desprende la tetralogía de campanario, *duomo*, baptisterio y camposanto. Entre las muchas cosas que los guías se afanan por encarecer a los grupos, casi siempre díscolos, están los púlpitos de catedral y baptisterio, obras respectivas de los Pisano, padre e hijo: el del baptisterio es de Nicola, el padre, y el de la catedral, de Giovanni, el hijo. Ambos se adelantaron a su tiempo, rompiendo la rigidez medieval, y esculpiendo cuerpos y figuras inspirados en sarcófagos y relieves romanos.

En el camposanto, que pone un contrapunto de sosiego al bullicio de la plaza, hay algo que recomiendo no pasar por alto: los frescos de Benozzo Gozzoli, de nuevo la gozosa afirmación del paisaje toscano, con los cipreses que en este caso revisten el significado a la vez etrusco y cristiano de ultratumba.

Spoiler final: con el último apaño para corregir la inclinación de la torre de Pisa, a base de tirantes en la base, es posible que para el año 2300 la torre quede completamente enderezada, vertical, derechita. Se acabó el cuento.

Inciso para mitómanos: dos pequeños *paesi* escoltan a Pisa a un lado y otro de ese eje líquido que es el Arno. Al norte, Vinci, que dio apellido a Leonardo, guarda un discreto Museo Leonardiano en su castillo. La pedanía de Anchiano, por su parte, muestra orgullosa la pila donde fue bautizado el genio. Y a un par de kilómetros está la casa donde nació, una granja sin más que ver que la campiña que la rodea, con los secretos que solo un niño prodigio podía arrancarle.

Al sur del Arno, el *paese* de San Miniato no escapa al radar de golosos y cinéfilos. En efecto, por allí crece un *tartufo* o trufa blanca de pareja calidad a la del Piamonte. Y los ritos casi policíacos de los *tartufai* para salir a buscarla desapercibidos, o mercarla entre la bruma de la mañana como una sustancia prohibida, son idénticos a los del norte italiano. En noviembre tiene lugar cada año una Mostra Mercato Nazionale del Tartufo Bianco.

En ese mismo pueblo, en el que no falta el *duomo* románico además de una torre-fortaleza, nacieron los hermanos Taviani, Paolo y Vittorio. Además del ya citado film sobre los canteros emigrados a América, han rodado y ambientado en su patria toscana otras películas memorables, como *Padre Padrone* (1977), historia real convertida en historia mágica, uno de cuyos episodios centrales tiene lugar precisamente en la Piazza dei

Miracoli de Pisa. O como la tierna y a la vez cruel *La noche* de *San Lorenzo* (1982), canto de amor a la inocencia... y a Verdi, de paso. O *Las afinidades electivas* (1996), que traslada la obra homónima de Goethe a una villa toscana y cuya traducción visual no habría disgustado al alemán.

Entre Pisa y Florencia, en los bordes del Valdarno que chocan ya con los Apeninos, está Pistoia. Diriges la palabra a cualquier paisano y lo primero que te suelta es el mantra de que «Pistoia es la pequeña Florencia». A solo siete leguas de la capital, y sin agobio de turistas. Es cierto que, de lejos, el perfil de Pistoia se parece al de Florencia, sobre todo por la cúpula bermeja de la basílica de la Madonna dell'Umiltà: una Virgen que lloró lágrimas, dicen, tras lo cual a Giorgio Vasari le encargaron una cúpula que plagió literalmente la de Brunelleschi (más pequeña, eso sí, por respeto).

En lo que sí difiere Pistoia de Florencia es en el campo que la rodea. Chica y recogida en una planicie de fértiles cultivos, con las estribaciones de los Apeninos a sus espaldas, fue otro de los focos que atraía, como Lucca o Florencia, a la *gente nuova* de la montaña, o de la campiña más pobre, destinada a fundar una nueva sociedad y una época renacida.

No puede emular Pistoia el cúmulo abrumador de arte de la capital. Pero puede dejar boquiabierto a más de uno. Es larga la lista de templos románicos (San Pier Maggiore, San Bartolomeo, San Giovanni, San Salvatore...) que responden al modelo pisano o lombardo, con la típica cenefa de arquillos ciegos. Como en el año 2017 Pistoia fue capital italiana de la cultura, muchas de esas iglesias fueron restauradas para la ocasión. En Sant'Andrea, la sorpresa la da un púlpito de mármol de Giovanni Pisano que nada tiene que envidiar a los de Pisa.

Pero vayamos por partes. Antes de iniciar recorridos, conviene recordar lo que en el año cultural fue un eslogan, por no decir un axioma: Pistoia es una ciudad hecha a la medida del hombre. En cuatro zancadas, en cualquier dirección, te plantas en la muralla, o lo que de ella quede (es además donde se puede aparcar, todo el centro es peatonal). El ombligo del casco histórico es la *piazza* del *duomo*, que agrupa a la catedral, su baptisterio exento, el palacio del obispo y el gótico Palazzo Comunale.

La catedral de San Zeno, aparte de la consabida hilera de arquillos ciegos, tiene una de las torres románicas más *faranduleras*, si se nos permite la expresión, enjoyada con tres pisos de arcos en su tope y alternando bandas de mármol blanco y verde oscuro a modo de faralaes. Pero lo que más llama la atención, en su interior, es la capilla dedicada al patrón de la ciudad, san Giacomo. O sea, san Jacobo, o sea, Santiago. Allí tienen, en un precioso altar gótico de plata, un trozo de mandíbula del apóstol. Como no quieren líos con los gallegos, dicen que pidieron la reliquia a Compostela... *in illo tempore*. En su honor tiene lugar, el día de Santiago, una justa medieval, la Giostra dell'Orso, aderezada con desfiles, virguerías ecuestres y media ciudad disfrazada con ropas medievales.

En esa plaza está lo más granado del patrimonio local: el palacio episcopal alberga un Museo Capitular; el Palazzo Comunale, el Museo Civico, y en el baptisterio se realizan muestras y eventos culturales. Queda a un paso otra de las joyas artísticas, el Ospedale del Coppo: su fachada luce un friso cerámico de Giovanni della Robbia, sobrino de Luca. Aunque este antiguo hospital del siglo XIII no puede visitarse, es posible recorrer sus sótanos y pasadizos, atrezados con instrumentos quirúrgicos arcaicos.

Un contrapeso a tanta vitamina artística lo pone la Piazza della Sala. El salón de estar, por así decir, para lo cotidiano y las cosas de comer. Lonas, tenderetes, cajas de tomates o lechugas, bandejas de delicias caseras medio sepultan al *pozo del Leoncino*, en el centro de la barahúnda. Gemela chica es la Piazzetta degli Ostaggi, atestada de terrazas y cafés, antigua sede del mercado y entrada al gueto judío de la ciudad.

Otro aspecto que llama la atención es la relación de Pistoia con el arte moderno. Desde los años cincuenta del pasado siglo, un trío de artistas paisano dio que hablar. Sobre todo Marino Marini, escultor fallecido en 1980, cuyos bronces gigantescos se muestran en la Capella del Tau, escoltados por frescos góticos. En el convento contiguo pueden verse otras obras y bocetos suyos.

De Fernando Melani se puede visitar su casa-estudio, con propuestas más radicales, en la estela del alemán Joseph Beuys y el «arte total» que predicaba. El otro componente del trío es Mario Nigro, obsesionado con la abstracción geométrica; algunas de sus obras se reparten por espacios adscritos a Pistoia Musei. En la casa-torre Palazzo Fabroni tiene sede un museo de arte moderno abierto a otras firmas. Y en el Giardino Volante las obras de arte contemporáneo se mezclan con toboganes y artilugios para niños. Para que vayan aprendiendo.

La pobre Prato tiene la desgracia de estar a diez minutos de Pistoia y media hora de Florencia. Pero de pobre, nada, es la segunda ciudad más poblada de la Toscana, con larga tradición fabril (y polígonos de naves chinas, como otras grandes ciudades, son meollo de la trama de *Un verano en la Toscana*). Pero no puede competir con sus vecinas si de arte se trata. No obstante, una parada resulta siempre provechosa. Conserva bastante bien el cinto de murallas del casco antiguo, cuyo centro lo ocupa el *duomo* de Santo Stefano. Llama la atención el púlpito adosado a una esquina, por fuera del templo. Desde allí se muestra, cinco veces al año, la *Sacra Cintola*, un cinturón de brocado que por lo visto entregó la propia Virgen al apóstol santo Tomás y fue traído a Prato desde Jerusalén tras la Segunda Cruzada. En una de las capillas puede verse un ciclo de frescos del *quattrocento* con la leyenda del santo cíngulo.

Y un cotilleo: Fray Filippo Lippi, que se había hecho carmelita a los catorce años, estaba pintando los frescos del trasaltar mayor, teniendo a una novicia como modelo para retratar a la Virgen. Pues bien, ambos colgaron los hábitos y se fugaron. Su hijo, Filippino, siguió los pasos del padre (como pintor, no como fraile). Y lo cierto es que sus pinturas se parecen mucho. Los rostros, sobre todo: los pintados por el hijo *salieron* a los pintados por el padre.

EL COLOR DE LA TIERRA

La tierra de siena, así, en minúsculas, es un color. Un color cálido, rojizo, sufrido y agradecido. Y barato. Los inventores del cubismo, en el París de las vanguardias —hablamos de Braque, Picasso y otros bohemios, entonces— apenas usaban para sus composiciones otros tubos que las tierras, siena, siena tostada, sombra, ocres… Los colores más baratos. El cubismo es lo que es porque sus creadores estaban a dos velas.

La tierra de siena es el color de Siena. El color de sus casas, palacios, murallas y torres. El color de las siete colinas sobre las cuales se asienta, como toda ciudad que se precie, tras el listón de la antigua Roma. Siena, desde luego, podía jactarse de ser una potencia, en el reñido tablero medieval de Italia. Simplificando un poco las cosas, como dice el catecismo de los santos mandamientos, que se resumen en dos: el juego de poder en la Toscana medieval se dirimía entre dos repúblicas enfrentadas (como buenas vecinas), Siena y Florencia. Los florentinos con los güelfos, y los sieneses con los gibelinos. Al final, tras muchas escaramuzas, choques y cadáveres, sería Florencia la que le doblaría el pulso a Siena.

En lo político, pero también en lo artístico. En lo político, tras ser sometida por Florencia, Siena quedó como suspendida en el tiempo. En lo artístico, durante el *trecento*, Siena había brillado con la escuela sienesa (Duccio di Buoninsegna, Simone Martini, Lorenzetti y los que iremos viendo), de sesgo arcaizante, con hieratismo gótico en las figuras e incluso fondos de oro al estilo bizantino. Al entrar de lleno el *quattrocento*, los artistas florentinos imponen una visión más naturalista y humanista, incluidos los que eran eslabón entre los dos siglos, Giotto y sus discípulos.

Siena alcanzó su apogeo gracias al comercio y una próspera burguesía encabezada por el Consiglio dei Nove (Consejo de los Nueve). Pero también contribuyó a su auge el ser jalón importante del «camino francés», la Via Francígena que encauzaba a los *romeros* o peregrinos a Roma. Para ellos se creó un hospicio y hospital junto a la catedral, en la colina más elevada de la ciudad. Ese Ospedale di Santa Maria della Scala es ahora un formidable complejo museístico. Destaca, de manera significativa, la sala llamada Pellegrinaio, con grandes frescos de Domenico di Bartolo y otros colegas plasmando en los muros las labores del hospital y el cuidado de enfermos y peregrinos.

En los sótanos, se ha instalado el Museo Arqueológico, y en otras estancias se muestran estatuas de Jacopo della Quercia o cuadros y frescos de Lorenzo di Pietro y Di Bartolo. Todo esto frente a la fachada más rica y hermosa de todas las catedrales de la Toscana, diseñada y poblada de barbudos, profetas o filósofos, por Nicola Pisano.

La colina del *duomo* podría considerarse como una especie de sacra galaxia. Aparte del Ospedale, la catedral engloba espacios satélites como la Biblioteca Piccolomini, el baptisterio de San Giovanni, la cripta, el Museo dell'Opera del Duomo. Y hasta una terraza panorámica para admirar, con un refresco en la mano, las nubes algodonadas y comprobar desde la máxima altura que ningún otro poder estaba por encima de la Iglesia.

Las franjas alternas de piedra blanca y negra que fajan el exterior del *duomo* y la torre se continúan en los robustos pilares del interior. Si impresiona siempre la altura y amplitud de naves y bóvedas, estar ahí debajo cuando retumban los tambores del Palio dentro del templo es algo sobrecogedor. Hay maravillas dentro de este templo. Los suelos, por ejemplo. Amplias losas de mármol taraceado, narrando historias bíblicas, que por su conservación suelen estar cubiertas. La Biblioteca Piccolomini, decorada con frescos de Pinturicchio. El púlpito, labrado en mármol y pórfido por Nicola Pisano y su hijo Giovanni, una de las obras cumbre del *trecento* que apunta ya la frescura y libertad del Renacimiento.

El baptisterio contiene una fuente bautismal de Jacopo della Quercia, con paneles de bronce de Ghiberti y Donatello. Y en la cripta, tardíamente recuperada, un ciclo de murales con pintura *a secco* (diferente a la pintura *al fresco*). El Museo dell'Opera se encuentra en una nave techada de lo que iba a ser un transepto que convertiría a esta catedral en la mayor de la cristiandad. Hubo más ambición y ganas que dinero, suele ocurrir. Y la obra quedó en los huesos, inacabada. En la parte concluida y techada se guardan tesoros. Como los originales de los *barbudos* de la fachada y pinturas de escuela sienesa, entre las que brilla la espléndida *Maestà* pintada por Duccio, obra maestra de la historia del arte.

A esta galaxia del poder sagrado responde otra no menos compleja, la del poder civil. Es decir, el conjunto igualmente apabullante de la Piazza del Campo, con el Palazzo Publico, la icónica Torre del Mangia, el Museo Civico y la Loggia dei Nove. Algo así como bajar de las alturas celestiales y poner los pies en el suelo.

En el campo, podríamos decir, no solo es que esta plaza Mayor se llame así, del Campo, es que la campiña, además de rodear a Siena, se le cuela por los intersticios, está siempre al quite.

Dicen que la Piazza del Campo es una de las más bonitas del mundo. Desde luego, es una de las más conocidas, gracias sobre todo a la carrera del Palio que en ella se celebra cada verano. Está dividida en nueve segmentos (por los nueve miembros del Consiglio) y su forma de concha o abanico en plano inclinado realza la esbeltez de la Torre del Mangia, que se alza sobre el Palazzo con soberbia desmedida —pero medida, exactamente 102 metros—. Enfrente, en la parte alta de esta plaza inclinada, la Fonte Gaia es tan codiciada por las palomas como por los turistas, a la busca y captura de un café o terraza donde pararse a disfrutar del instante.

Dentro del Palazzo —que sigue funcionando como Ayuntamiento— ocurre como en el *cluster* de la catedral: aguarda al visitante una especie de laberinto, en el Museo Civico, con frescos emblemáticos de la vida cotidiana. Sobre todo los dos de Ambrogio Lorenzetti, *Los efectos del buen gobierno* y *El mal gobierno*, fábula gráfica con moraleja que sirve para cualquier tiempo y lugar. Incluso la enorme *Maestà* de Simone Martini, al estar la Virgen escoltada por tantos ángeles, apóstoles y santos, trasciende el sentido religioso con un halo social y protector, como de compañía sacra de seguros.

Un tercer polo identitario en Siena podría ser la basílica de San Domenico y la casa natal de santa Catalina de Siena, figura singular y muy querida en la ciudad. Catalina Benincasa, nacida en 1347, tuvo veinticinco hermanos (incluida una gemela) y a los dieciocho años ingresó en la Orden de Santo Domingo. Su casa natal es ahora una amalgama de claustros y capillas, pero es en la aledaña basílica de Santo Domingo, imponente mole gótica de ladrillo donde se condensan sus recuerdos.

En la capilla de Santa Catalina de ese templo, decorada con frescos de su vida, se veneran sendos relicarios con su cabeza embalsamada y un pulgar momificado; un pie anda por Venecia, y el resto en Roma, donde murió; también está el cilicio con el que se mortificaba. En la Capella delle Volte fue donde la santa vivió sus fervorines y experiencias sobrenaturales, entre ellas, el *matrimonio místico* con Jesucristo, quien le habría entregado un anillo muy especial, de carne (el Santo Prepucio, mucha tinta morbosa ha hecho correr este asunto, y algunas pinturas honorables).

Catalina recibió los estigmas de Cristo, como san Francisco (aunque invisibles en su caso) y murió a los 33 años. Es doctora de la Iglesia (como santa Teresa de Jesús), a pesar de no haber recibido una educación formal. En uno de sus arrebatos o éxtasis, que duró cinco días, escribió su única obra, *Diálogo de la divina providencia*, aparte de treinta y ocho cartas y veintiséis oraciones y soliloquios. Gracias precisamente a su correspondencia y a una embajada que encabezó hasta Aviñón, donde tenía entonces su sede el papa —el llamado «cautiverio de Aviñón»—, Gregorio XI decidió regresar a Roma y poner fin al «nuevo cautiverio de Babilonia» vivido por la Iglesia durante sesenta y siete años. En esto parece que fue decisivo el influjo de Catalina.

Hablando de monjas, la delicada y bellísima ópera de Puccini *Suor Angelica* se desarrolla, según el libreto, en un convento próximo a Siena. Una monja bien distinta a la santa medieval, pero no culpable; la culpa no está en haber concebido un hijo, sino en la cruel hipocresía de su familia noble y de la sociedad. Y para acabar con este apartado pío: otro paisano destacado es san Bernardino de Siena, nacido el mismo año en que moría santa Catalina (1320). De familia noble y educado en la universidad de Siena, se hizo franciscano y renunció a tres obispados, porque lo suyo era predicar por toda Italia, fustigando el vicio, el derroche y la sodomía;

tiene gracia que su capilla fuera luego decorada por Giovanni Antonio Bazzi, conocido como Il Sodoma por su abierta homosexualidad.

Al parecer, Bernardino era un fogoso orador, al estilo de san Vicente Ferrer (su mentor), y sus prédicas a veces acabaron con una multitud enardecida en busca de un hereje o bruja a quien quemar. Tal vez la más valiosa aportación del santo predicador fue su batalla por acabar con las banderías y rivalidades entre los diversos territorios italianos. Su Oratorio está anexo a la iglesia gótica de San Francesco, junto a la muralla y Porta Ovile, donde se encuentra además el Museo Diocesano di Arte Sacra.

Podríamos hablar de Siena y omitir sus palacios, su Pinacoteca Nazionale con los tesoros de la escuela sienesa, sus murallas y catorce puertas monumentales... Lo que no se puede omitir es la fiesta del Palio. Algo que hay que vivir al menos una vez en la vida. Y que, como dicen los sevillanos de su semana santa, *no se puede explicar*. Hay que estar allí ese día, mejor dicho, esos días, 16 de agosto (la Asunción), pero también el 2 de julio. Y luego, cada mes, una *contrada* lleva su estandarte a la catedral en un carro engalanado y tirado por bueyes blancos. En realidad, como les ocurre a los valencianos con las Fallas, el Palio gravita en Siena todos los días del año.

Es mucho más que una carrera; la galopada de los caballos para obtener como premio el estandarte llamado Palio es lo de menos, cosa de segundos. La fiesta se está incubando todo el año y estalla en el día señalado con una intensidad volcánica. Desde primeras horas de la mañana borbotean las calles, como si de pronto les hubieran vuelto los forros. Hay diecisiete *contrade* o barrios y cada sienés se siente *contradiolo* hasta rozar el fanatismo. Es algo primario que tal vez proceda de oscuros pliegues tribales del cerebro; de hecho, cada *contrada* se aglutina en torno a un animal totémico: águila, lechuza, dragón, jirafa, delfín, pantera, elefante...

Los desfiles y redobles de tambores se adueñan de las calles, hasta que empieza el gran cortejo oficial. Cada *contrada* (solo diez, elegidas por sorteo) despliega el lujo de trajes renacentistas, el brillo de las armaduras, la gracia de los corceles, la belleza arrogante de la carne joven, entre músicos, atambores y alféreces *bailando* las banderas. Cierran cada tramo el capitán con sus lacayos, el estandarte del barrio y el caballo que va a correr la carrera, tratado como una criatura divina.

La carrera, en una plaza del campo a reventar, dura apenas ochenta, noventa segundos. Tres vueltas de infarto en las que todo vale, incluso fustigar al caballo o al jinete contrario. Ganará el caballo que primero llegue, aunque su jinete haya caído y quedado atrás despanzurrado. Los compañeros del ganador se arrojan a la palestra, a aupar a su ídolo. A veces el triunfo no está claro, no hay VAR, el veredicto no gusta, y vuelan sillas y mamporros, y hasta corre la sangre... pero esta no llegará al río Sorra, que pilla un poco lejos. Esa noche se cena, bebe y baila en la calle, bien sea para celebrar la victoria, o bien para rumiar el desquite para la próxima.

Entre Siena y Florencia se extiende el país del *chianti*. El vino tal vez más célebre de Italia para los foráneos, que lo suelen identificar con las turísticas frascas forradas de rafia. Lo cierto es que solo en la Toscana hay cerca de cuarenta DOC y vinos muy célebres, como el *brunello* de Montalcino, el *nobile* de Montepulciano, el *vin santo*, los espumosos y dulces de la isla de Elba...

La «capital» del territorio del *chianti* es Greve. Un pueblo que no tiene nada especial, excepto que parece la sección *gourmet* de una galería comercial. Las enotecas que llenan sus calles no solo venden vino *chianti* y *chianti classico* —son diferentes—, también venden *grappa*, *rosolio* (de ahí llegó nuestro resolí), *amaretto*, aceites vírgenes, *acceto balsámico*, todo ello en minúsculos frascos y redomas que parecen contener perfumes exquisitos —en Florencia hasta los venenos eran exquisitos— y carísimos. Y no solo eso, también pasta fresca, *delicatessen* y mucho jabalí, les encanta el jabalí, no es difícil toparse con alguno (disecado) a la vuelta de cualquier esquina.

En la plaza oblonga y destartalada, se celebra el mercado de los sábados, bajo la mirada displicente de Giovanni da Verrazano, el descubridor de la bahía de Nueva York. Contrasta su figura de tercio haragán con el *Torso alato*, un bronce voluptuoso de Igor Mitoraj (quien fijó su taller en Pietrasanta, Lucca), que guarda, a pocos pasos, la entrada al Palazzo Comunale. A poco más de un kilómetro de Greve, encaramado a una colina, se recoge en sus murallas Montefioralle. Ahora muy arregladito y compuesto, tanto que lo han incluido entre *I borghi più belli d'Italia*. El pueblo de Américo Vespucci, dicen, el que dio nombre a América. Parece ser que la familia Vespucci tuvo casa en este burgo, aunque no hay documentos concluyentes. Ni cortos ni perezosos, han levantado una mansión de piedras más falsas que Judas, con la inscripción *Haec olim Vespuccia Domus* («Esta fue en otro tiempo la casa de los Vespucci»), y mucha avispa en el escudo.

También a escasos kilómetros de Greve, hacia el norte, se encuentran varios castillos que son ahora finca vinícola con tienda y habitaciones para quedarse. Al de Uzzano, un armonioso ejemplar renacentista, acudían los señores obispos de Florencia a solazarse. Hacia poniente queda el castillo de Verrazzano, de donde salió Giovanni el descubridor de Nueva York, y casi enfrente, el castillo de Vicchiomaggio, donde (dicen ellos, su propaganda) estuvo Leonardo da Vinci para pintar la *Gioconda*.

Al sur de Greve, o sea, hacia Siena, están los tres pueblos principales del *chianti classico*, Castellina in Chianti, Radda in Chianti y Gaiole in Chianti. Muy cerca de este último vale la pena desviarse a Badia a Coltibuono, porque hay una abadía románica y se come bien. Más hacia el sur hay dos castillos interesantes, el de Meleto, del siglo XIII, y el de Brolio. En una finca de este *comune* rodó Bernardo Bertolucci una de sus películas más controvertidas, *Belleza robada* (1996). Pese a lo que digan sus detractores, es una cinta llena de belleza y profundidad. Y, sobre todo, se sale del estereotipo comercial de las películas «un no sé qué en la Toscana», que son legión. En esta no hay trampas, la plácida siesta puede verse interrumpida por el ruido de aviones militares o excavadoras, y las putas hacen la carrera entre los cipreses sagrados.

En el ajedrez hay un movimiento defensivo muy socorrido por principiantes en apuros, que es el enroque. Consiste en mover el rey dos casillas hacia la torre y saltar esta por encima del rey para protegerlo. Una táctica, la de enrocarse, que se ha colado en el lenguaje coloquial. Vista un poco de lejos, San Gimignano parece un tablero de ajedrez en el que solo jugaran las torres. Espigadas, ciegas, sin ventanas ni aderezos, como chimeneas de orgullo familiar, de clan peleón, para ventilar odios y poder matarse sin tener que salir del pueblo.

Dicen que llegó a haber setenta. Por más que cuento y recuento, incluyendo los raigones más mochos, no me salen más de trece. Lo de etiquetarla como un Manhattan medieval está muy visto, lo sé, pero es muy gráfico. Y hablando de etiquetas, qué buen juego da en Instagram este prieto ramillete de torres. Por si no tenían suficiente fama, Zeffirelli convirtió a San Gimignano en asunto central de la que tal vez sea su mejor película, *Té con Mussolini* (1999).

Franco Zeffirelli nació en Florencia en 1923 y en esta cinta de madurez incluyó rasgos de su propia biografía, ya que, como el pequeño Luca protagonista, él mismo fue fruto de un amor adúltero y, al morir la madre, quedó al cuidado de un grupo de mujeres inglesas afincadas en Florencia y conocidas como las Scorpioni por su lengua viperina. El film se inicia precisamente con el homenaje de estas señoras al matrimonio de poetas Elizabeth Barret y Robert Browning, a quienes citamos en el capítulo de Florencia.

No fue la primera vez que Zeffirelli rodaba en San Gimignano, o que esta ciudad se asomaba a las pantallas. En 1971, Zeffirelli la había convertido en hogar de un guapo futuro San Francisco, en el film cuasi musical y un tanto blando, con cierto aroma *hippie*, *Hermano sol, hermana luna*, sobre la vida del *poverello*. En realidad lo de San Gimignano con el cine es un auténtico idilio. En más de treinta películas aparece la silueta seductora de sus torres, de manera más o menos fugaz. La primera vez que esto ocurrió fue en 1925, en una película muda de tres horas (muy bien restaurada) de Marcel l'Herbier: *Feu Mathias Pascal* (*El difunto Matías Pascal*), sobre la novela homónima de Pirandello.

En esa primera y singular cinta, la visión de San Gimignano (que en la ficción se llama *Miragno*) y sus torres alcanza una calidad onírica y un vigor expresionista que convierte a este film en una pieza de arte de primera. También los hermanos Taviani, los de San Miniato, recurrieron a San Gimignano (y a Isabella Rossellini) en uno de sus primeros trabajos, *Il prato* (1979), una versión particular de la historia del flautista de Hamelin, con una de las más inspiradas partituras de Ennio Morricone.

Y no solo ha sido el cine el que ha jugado con el ajedrez medieval de esta ciudad. También la literatura. Cuando todavía se estaban levantando algunas torres, Folgore de San Gimignano escribía sonetos jocosos sobre las ocupaciones de cada día del año, y los placeres de cada día de la semana. Al cumplir Folgore treinta años, en 1300, Dante fue designado embajador en San Gimignano, y elegido también como uno de los seis altos magistrados de la ciudad, hecho que se recuerda dando nombre a un salón del Palazzo del Popolo. E. M. Forster ambienta en San Gimignano su novela *Donde los ángeles no se aventuran* (1905), aunque en el libro adopta el nombre ficticio de Monteriano. Pirandello, ya hemos visto, entra indirectamente en danza.

San Gimignano está a poco más de media hora de Florencia. Con eso, el Instagram, películas, novelas y el título de patrimonio de la humanidad de la Unesco, ya tenemos el lío. Es decir, el atasco permanente de autobuses, coches, motos y hasta bicicletas. San Gimignano se ha convertido en un escaparate. Y si las torres no se pueden vender, pues se vende todo lo demás. Por las calles de San Giovanni y las que suben desde la puerta meridional al centro histórico, en las vitrinas, o invadiendo las aceras, se apilan todo tipo de productos y reclamos para turistas. Algunos que se anuncian como «tradicionales» y de toda la vida son dulces o fragancias, por ejemplo, que no llevan inventados más de un par de temporadas.

Hay que ser justos. Sí que existen en San Gimignano mercaderías de toda la vida, sobre todo en cosas de comer. Es más, este pueblo deberían apuntárselo con mayúsculas en su agenda los viajeros golosos. Ante todo por el vino. El blanco seco *vernaccia* es un vino con fama en toda Italia, y más allá.

Escoltando a las botellas de *vernaccia*, pueden amenazar desde los tabancos fieras cabezas de jabalí de colmillos afilados. Para llamar la atención sobre los jamones, embutidos y productos de este bicho. Hay para todos los gustos, de lo que se trata es de vender. La urgencia comercial se debe a la afluencia creciente de visitantes. Hace algunos (o muchos) años, las cosas que se vendían en San Gimignano eran sinónimo de gusto exquisito, fueran pastas, mermeladas o un paraguas.

En defensa de tenderos y comerciantes, hay que decir que la fiebre venal viene de lejos. Y es que por aquí pasaba la Via Francígena, el *camino francés* de peregrinación que unía Francia y norte de Europa con las santas reliquias de Roma. Por otro lado, aquí se enconaron los enfrentamientos entre güelfos y gibelinos, y no eran riñas menores. También eso explica el misterio de las torres ciegas. Y la peste negra de 1348 agravó la decadencia del *comune* que, muertos sus defensores, acabó apenas un lustro después en manos de Florencia.

Superadas las barreras y tentaciones de los comercios, uno llega por fin al corazón de la población: la Piazza della Cisterna. Cuyo centro es exactamente una cisterna o pozo del siglo XIII. Plaza geminada con la del *duomo*, donde se miden de cerca los poderes rivales, eclesiástico y civil. El poder eclesiástico no resulta ostentoso por fuera, la colegiata románica es de fachada austera. Pero es una de las iglesias de Italia con mayor superficie de frescos, aparte de las bóvedas, pintadas de azul celeste con estrellitas doradas.

Los muros de las naves están cubiertos con escenas bíblicas y de la vida de Cristo, de autores locales como Bartolo di Fredi o Lippo Memmi. Y un *Juicio Final* en la pared trasera, como era costumbre, de Taddeo di Bartolo. Pero la joya del templo es la capilla de Santa Fina (¿Serafina,

Josefina?), que nació en este pueblo en 1238 y solo vivió quince años, postrada por una penosa enfermedad. El día de su muerte, todas las campanas del pueblo doblaron solas.

Ghirlandaio pintó el magnífico fresco que representa a la santa en su lecho de muerte, reproduciendo como telón de fondo las torres de San Gimignano. En la película de Zeffirelli, este fresco es objeto de un escrutinio complacido por parte de la cámara. También pintó Ghirlandaio los frescos del Baptisterio, situado a un costado de la iglesia.

Frente a la colegiata está el Palazzo Comunale, que dentro del desbarajuste de pisos, escaleras y salas laberínticas oculta verdaderos tesoros. Frescos con escenas de caza o torneos, en la llamada Sala di Dante; raras escenas moralizantes (que nadie se quiere perder) en la Camera del Podestà, con matrimonios desnudos en la cama o en el baño, pintadas por Memmo di Filippucci. Sin andar mucho, el Museo d'Arte Sacra recoge piezas orfebres de las iglesias locales.

Aunque sean el emblema o imagen de marca de San Gimignano, las torres se ven, pero no se suben. La Torre della Rognosa, en el Palazzo Vecchio del Podestà, es una de las más antiguas, aunque no la más alta. Le gana en altura (54 metros) la Torre Grossa del Palazzo del

Popolo, que además es la única a la que se puede acceder; su aliciente: 154 escalones agotadores. Y las vistas, claro.

Aunque alejándose un poco de ese ombligo cívico-religioso, hay un par de iglesias del siglo XIII que merece la pena visitar, la de Sant'Agostino, con frescos de Benozzo Gozzoli sobre la vida del santo; y San Lorenzo in Ponte, con escenas de la vida de san Benito. En el llamado Polo Museale Santa Chiara se reúnen tres museos: una farmacia del XIII y un museo arqueológico con piezas romanas, en la planta baja; y en el piso superior, la Galeria d'Arte Moderna e Contemporanea dedicada a artistas italianos como Raffaele Di Grada, Renato Guttuso o Giannetto Fieschi.

Vocación más universal tiene la Galeria Continua, en Via Castello, que también tiene sedes en Roma, París, Beijing, Sao Paulo o Dubái, y representa a grandes nombres internacionales, entre ellos el italiano Michelangelo Pistoletto.

No podían faltar en un lugar tan turístico los *obligados* museos de la tortura (creo que ahora son dos). Ni podían faltar los festivales; solo que aquí no se disfrazan con ropajes medievales: el festival «de las cosechas», Ferie Messium o Ferie delle Messi, en junio, consiste en conciertos al aire libre de música clásica, también música de cine o popular, además de actuaciones de teatro y espectáculos callejeros, o sesiones de cine bajo las estrellas.

La llamada Rocca o fortaleza, aunque desmochada por los Medici, puede ser un buen punto final para la visita, pues aparte de las vistas de la campiña y los atardeceres desde la terraza, rodeados de higueras y viñas, se puede catar el vino local y asistir a una pequeña exhibición en la Vernaccia Wine Experience.

Sería *peccato* estar en San Gimignano y no acercarse a Certaldo, uno de los conjuntos medievales que mejor han conservado su ambiente. La palabra oportuna sería *peregrinar*: porque en este pueblo nació en 1313 Giovanni Boccaccio, uno de los padres de la lengua italiana y autor del *Decamerón*: conjunto de cuentos, algunos algo picantes, narrados por *diez* jóvenes, durante *diez* días, *diez* cuentos por cabeza (*deca*, «diez» en griego, título cantado), para distraerse en la campiña, fuera del alcance de la famosa peste de 1348. Algunos de esos relatos fueron adaptados por Pier Paolo Pasolini en su película *El Decamerón* (1971), primera entrega de la que sería su «trilogía de la vida», junto con *Los cuentos de Canterbury* (1972) y *Las mil y una noches* (1974).

Por supuesto que en Certaldo hay una Casa Boccaccio dedicada al escritor, pero también muchas otras cosas que ver, pues la población llegó a ser el centro más importante entre Florencia y Siena. Además, a la parte alta (lo que llaman Castello) se puede subir en funicular (práctico, sí, aunque no pega mucho). Y nadie sabe por qué, pero lo cierto es que este pueblo es un destino favorito del cicloturismo.

En el Palazzo Pretoriano, del siglo XII, se pueden visitar los calabozos, sala de audiencias, archivo y otras dependencias, algunas con frescos del *quattrocento*. Al lado de este palacio se encuentra la iglesia de San Tommaso y Prospero, la más antigua del pueblo. También se puede visitar el Museo de Arte Sacro en el antiguo convento de los agustinos. Para no desentonar, también aquí celebran su fiesta medieval: Mercantia, una semana de actuaciones y espectáculos callejeros, con trajes de época, en julio. Y en septiembre, no podía faltar una evocación histórica del *Decamerón*.

Muy cerquita también de San Gimignano está Poggibonsi, población bastante grande e industriosa, pero con no mucho que ver. Una decena de templos que no quitan el sueño, y tres conatos de fortaleza: Staggia Senese, Poggio Imperiale y Castello della Magione. Este último es el más aparente, pero no está en el casco urbano, sino a tres kilómetros del centro, en las márgenes del río Staggia. En su origen perteneció a los templarios, y en el lote se incluyen una iglesia y hospital de peregrinos, ya que hasta ahí se alargaba un ramal de la Via Francígena. A falta de reclamos artísticos, Poggibonsi ha desarrollado de forma extraordinaria el agroturismo, con algunas residencias singulares, y numerosas iniciativas agroalimentarias. Cuidan mucho las cosas del comer.

Y ya para terminar, ¿alguien se ha preguntado alguna vez quién diablos fue san Gimignano, si es que existió? Pues existió hace muchísimo tiempo, cuando Atila asolaba Italia con los hunos. El santo era obispo de Módena y al parecer salvó al pueblo que ahora lleva su nombre de las garras de los bárbaros. Milagrosamente, por supuesto.

BRUMAS, SARCÓFAGOS Y VAMPIROS

«Vaghe stelle dell'Orsa, io non credea tornare ancor per uso a contemplarvi sul paterno giardino scintillanti, e ragionar con voi dalle finestre di questo albergo ove abitai fanciullo, e delle gioie mie vidi la fine...» («Vagas estrellas de la Osa, no creí volver de nuevo a contemplaros parpadear en el paterno jardín, y conversar con vosotras desde las ventanas de este refugio donde habité de niño, y vi el final de mis gozos...»). Estos son versos de Leopardi; nos quedamos con solo el apellido, y nos ahorramos la media docena de nombres de pila del conde poeta y erudito romántico. Y como tal, pesimista absoluto, yo diría incluso que existencialista *avant la lettre*.

Las primeras palabras de la cita dan título a una película de Lucchino Visconti de los años sesenta, que hoy diríamos «de culto»: *Sandra. Vaghe stelle dell'Orsa* (1966); las palabras que siguen en ese párrafo de Leopardi son una especie de fiel sinopsis de la película.

En esa cinta, Volterra es la verdadera protagonista. Una ciudad etrusca que aparece fantasmal, nocturnal y brumosa, enfermiza y friable. A pesar del atrezo opulento, rafaelesco y carnal, el de Visconti es un film de sombras, pasiones, claroscuros, un cuadro plenamente caravaggiesco. Y como ese pintor tenebrista, rompiendo límites, adelantado, valiente; solo Bertolucci, dentro del cine italiano (serio, no porno), llegaría a ser más explícito con el tabú del incesto en *La luna* (1979).

Cuarenta años después, la escritora estadounidense Stephenie Meyer convirtió a Volterra en hogar de los vampiros guaperas de su serie de novelas *Crepúsculo*. También llevadas al cine, con gran éxito juvenil (y no solo: fue la película más taquillera de la historia en los Estados Unidos). En el libro, la familia de los Volturi (casi un gentilicio de Volterra) se esconde en las cloacas y subterráneos de la ciudad. La película, sin embargo, no se rodó en Volterra, sino en otra localidad etrusca, Montepulciano, en la otra punta de la Toscana.

De pronto, esta ciudad apelmazada y provinciana —pero ni más ni menos que todas las ciudades de provincia, incluidas las de América, según uno de los personajes de Visconti, el marido americano y cornudo— se convirtió en meta de seguidores fanáticos, con ardor casi religioso. Pálidos y tatuados, con *piercings* y una pinta siniestra, llevaban apuntados en mapas el punto exacto de las apariciones, los sumideros, bosquetes y ruinas... Será sin duda una moda pasajera. Los vampiros volverán a las tinieblas y el olvido. La saga crepuscular puede que también. Pero la película de Visconti, no.

Los ediles y vecinos de Volterra tal vez estén contentos, por un lado, de hacer caja con estas modas y estos peregrinos cinéfilos, de primera o segunda generación; pero no les hará ni pizca de gracia la visión en blanco y negro, o con tintes góticos, de su ciudad. Que ahora se ve radiante, luminosa, ordenada y limpia, aunque (al menos para nostálgicos, como un servidor) no ha perdido su halo mágico, de lugar suspendido en el misterio. Comparto en este sentido la llamémosla *guía* de un poeta que nació y vive en la ciudad, Roberto Veranini, activista cultural reconocido y traducido a otras lenguas; el título de su libro ya es significativo: *Come una guida dell'anima* (1992).

Y desde luego lo que no ha perdido Volterra en absoluto son sus defensas. El perímetro amurallado es casi apabullante, con piedras mezcladas de etruscos, romanos y alarifes medievales, y varias puertas monumentales. La más egregia y más etrusca, la llamada Porta all'Arco. De los etruscos quedan pocas huellas tangibles. Los romanos, en cambio, dejaron un teatro que es uno de los mejores conservados de Italia. Como era costumbre, se encuentra recostado en una ladera, aprovechando la pendiente, lo que permite que desde la Via Lungo le Mura del Mandorlo se aprecie en su conjunto, sin tener que pasar por taquilla.

Pero el grueso del casco antiguo es medieval, de los siglos XII y XIII, con notables incrustaciones de palacios renacentistas y barrocos. Y es que el *comune* medieval (especie de ciudad-estado libre, ya dijimos) cayó bajo el dominio de los Medici, que aplastaron con dureza y saqueos los intentos de rebelión. Tras la unificación italiana en 1860, Volterra fue quedándose absorta y apagada, en blanco y negro, como la descubrió Visconti.

Él todavía vio y filmó el museo etrusco Guarnacci como estaba antes: un auténtico almacén o almoneda rebosante de urnas funerarias etruscas de terracota. Estas son normalmente del tamaño de una maleta, y la tapa consiste en un retrato del finado recostado sobre sus propias cenizas. A veces el tamaño es mayor, a escala real, y en lugar de un solo difunto puede aparecer la pareja conyugal. Siempre con los rasgos muy fieles de los finados, jóvenes, viejos, mujeres, varones o niños.

Quienes se han explayado en digresiones sobre el realismo de los retratos romanos, en oposición al idealismo griego, estaban apuntando en realidad al realismo etrusco. Si en algunas urnas los rasgos del difunto son más arcaizantes o esquemáticos, eso pudo deberse al escaso presupuesto familiar, o a la impericia de algún aprendiz o becario, que siempre los ha habido. El museo no es lo que era; por fortuna, ha sido cumplidamente reformado y actualizado.

Además del museo, y del poder evocador de sus callejas y rincones, Volterra tiene su plaza Mayor, llamada en este caso Dei Priori, por el Palazzo homónimo que la preside. En el contiguo Palazzo Minucci Solaini se aloja una modesta pinacoteca, con obra de artistas locales. En otra plaza muy cercana, se encuentra la catedral, cuyo elemento más llamativo es el artesonado que cubre sus naves. En una de las capillas, hay dos esculturas de Andrea della Robbia y de nuevo un *Cortejo de los Reyes Magos* de Benozzo Gozzoli en formato más reducido que los de Pisa o Florencia, pero con la misma percepción minuciosa del paisaje (no hay que olvidar que fue discípulo mimado del preciosista Fra Angélico).

Frente a la catedral se alza el baptisterio del siglo XIII, donde puede verse una fuente del escultor del *quattrocento* Andrea Sansovino. De canteras próximas a la ciudad se ha estado extrayendo alabastro, desde los tiempos de etruscos y romanos, por eso se ven objetos de este material en las tiendas de *souvenirs* y le han dedicado incluso un pequeño museo donde se muestra el proceso de producción de piezas artesanales.

En las primeras secuencias de la película de Visconti, cuando los protagonistas viajan en coche hacia Volterra, se ve al fondo un burgo amurallado, coronando una colina, un decorado que llama la atención: es Monteriggioni. A la seducción de su estampa se rindieron otros directores de cine (Bertolucci, Zeffirelli, Ridley Scott, Minghella, Benigni, etc.), como antes lo había hecho Dante, al tratar de poner imagen a los gigantes que circundan el círculo infernal («però che, come su la cerchia tonda / Monteriggioni di torri si corona...»). Para los más jovenzanos que ni leen ni van al cine, ese es el escenario fantástico de la saga de videojuegos *Assassin's Creed*.

Es sin duda uno de los recintos amurallados mejor conservados de Italia. El anillo de más de medio kilómetro de murallas, reforzadas por catorce torres, solo tiene dos puertas de acceso: Porta Franca o de Roma y Porta Fiorentina; unidas ambas por la calle mayor y una plaza central, algo destartalada, apenas adornada con un pozo (que lleva a algún lugar lejano y misterioso, dicen) y con una pequeña y tosca iglesia románica. Dentro del recinto no habrá más de cincuenta casas, con sus huertas o jardines aliviando espacio.

Ese cogollo medieval está vedado a coches visitantes (tienen que aparcar al pie de la colina). Pero el pueblo en su conjunto tiene casi la misma población que Volterra.

Este recinto militar jugó un papel importante en el pulso guerrero al que ya hemos aludido entre Siena y Florencia. El burgo, partidario de los sieneses, cayó en manos de los florentinos por «la gran traición» (así ha pasado a la historia) de un alcaide tránsfuga. Hecho que conmemoran (o no) como tanto se estila por aquí, disfrazándose de época: la fiesta medieval Monteriggioni di Torri si corona que se celebra durante dos fines de semana de julio es de las más antiguas de Italia. Y de las más vistosas, consultan con historiadores y especialistas para cuidar al detalle, y sin reparar en gastos, los trajes de damas, caballeros, bufones, juglares y músicos, artesanos y tenderos.

Algo que pueden emular los turistas en cualquier época del año, sobre todo si van con niños: probar las armaduras y cachivaches de Monteriggioni in Armi, un pequeño museo en el centro del pueblo. Aparte de eso, poco más se puede hacer, si no es subir al camino de ronda de la muralla y respirar desde lo alto el más puro paisaje toscano.

Monteriggioni era un importante jalón para los peregrinos de la Via Francígena, pero también una excelente atalaya para vigilar la Via Cassia que discurre por el Val d'Elsa, a poniente de la población. De hecho, siguiendo el camino hacia Volterra, hay que atravesar Colle di Val d'Elsa, otra población aún más importante que Monteriggioni para controlar toda la zona.

También en este caso el pueblo está dividido en dos núcleos, la parte vieja o histórica, Colle Alta, coronando la colina (con buen tiempo se llega a divisar el mar); y la parte nueva, Colle Bassa, unidas ambas por un ascensor providencial (y gratuito). Aparte del propio cinturón de murallas, el recinto alberga algunos edificios de interés, como la casa natal de Arnolfo di Cambio, el arquitecto que, entre otras cosas, proyectó la catedral de Santa María del Fiore y la iglesia de Santa Croce, en Florencia. También nació en esta población Carlo Collodi, quien entre 1882 y 1883 publicó, en una revista para niños, un cuento titulado *Storia di un Buratino*; o sea, las aventuras de Pinocho, uno de los personajes más célebres y queridos de la literatura infantil.

El perfil urbano de Colle queda dibujado por el Palazzo Pretorio, del *quattrocento*, con un par de museos en su interior (arqueológico y etrusco) y, enfrente, un *duomo* de interior barroco y fachada neoclásica. Hay un Museo del Cristal en el que se puede ver la importancia que tuvo desde el Medievo la fabricación de cristal, que llegó a competir con los talleres de Murano. Además, este pueblo es un buen cuartel general para amantes de la naturaleza, ya que, aparte de la campiña exuberante que rodea este enclave, desde aquí se pueden organizar excursiones por el Parco Fluviale Alto Val d'Elsa, con senderos bien señalizados para explorar bucólicos rincones del río Elsa, un fluente del Arno de recorrido corto, pero lleno de represas, cascadas, molinos, miradores... Las aguas cristalinas y turquesas de este río son además ricas en minerales, y son muchos los que acuden al manantial medicinal de Gacciano a ponerse en remojo. En fin, un bálsamo verde para «desengrasar» de tanta épica caballeresca como anda suelta por la región.

Volviendo a Volterra, en el llamado Paseo Archeologico, además de la Fortezza Medicea, se puede ver una necrópolis etrusca. Pero es saliendo hacia el sur de la ciudad donde se encuentran muchas necrópolis e incluso poblados de aquella civilización de la que, en realidad, no sabemos mucho. Conocemos su alfabeto, pero no somos capaces de leer sus textos. Las necrópolis nos hablan de sus ritos de paso; sabemos que tenían costumbre de celebrar un banquete ritual en la antesala misma de la tumba donde iban a depositar la urna funeraria.

Eso, en los enterramientos más pudientes. Pero en toda esa región que se alarga hasta el Lacio (allí están las mejores necrópolis) puede aparecer de pronto una tumba etrusca. Recuerdo, en mis primeros escarceos por la zona, alertado por algún cartel pintado a mano, haber tenido que pedir la llave y compañía a un campesino para que me enseñara «su» tumba etrusca, oculta en huertos o sembrados, cosa que el hombre hacía por poca cosa, imbuido de orgullo patriótico, supongo.

Claro que la situación ha cambiado. Los yacimientos arqueológicos de Populonia, junto al golfo de Piombino, y Vetulonia, cerca de Grosseto, están bien acondicionados con horario de visita. La necrópolis etrusca más importante de la Toscana se encuentra a tres leguas del pueblo de Sovana, en la llamada Città del Tufo. Cuatro conjuntos funerarios exhiben restos de columnas, peldaños y alguna figura de terracota. Pero enseguida vamos a encontrarnos cara a cara con los etruscos.

LA SONRISA ETRUSCA

De los etruscos sabemos tan poco como de la enigmática sonrisa de *Mona Lisa*. Tal vez el misterioso rictus del retrato más célebre de la historia sea solo un afloramiento arqueológico. La versión renacentista y leonardesca de una savia milenaria, de genes recurrentes, burlones, que dicen y no dicen; una herencia que tal vez venga de oriente, de la sonrisa arcaica de los *kuroi* y *korai* griegos, congelada en la arcilla de las urnas funerarias de los etruscos. La sonrisa de los muertos. *La sonrisa etrusca*: la novela de José Luis Sampedro que se titula precisamente así no aclara mucho.

Toda la Toscana es territorio etrusco. Hasta el nombre le viene de ahí: *tusci* llamaban los romanos a los etruscos que sometieron, y que no eran sus abuelos (está demostrado genéticamente). Durante más de 500 años, entre el 900 y el 400 antes de Cristo, los etruscos poblaron un territorio que en su momento de mayor diástole llegaba desde las orillas del Po a las riberas del Tíber, e incluía las islas de Córcega y Cerdeña, donde tenían bases comerciales. Ese momento álgido coincide con la pujanza de la Dodecápolis, doce ciudades principales unidas solo por lazos culturales y religiosos. Pero políticamente a su aire, un poco al estilo de las polis o ciudades-estado griegas.

Sabemos poco de los etruscos. Conocemos, como dije, su alfabeto, pero no hemos podido descifrar su lengua. Casi todo lo que sabemos de su vida lo sabemos por su muerte. Por sus numerosas tumbas e hipogeos; das una patada a una piedra y aparece un enterramiento. Algo parecido ocurre con los egipcios, con los que compartían su obsesión por la vida del más allá. Sabemos por las pinturas de sus necrópolis que eran muy aficionados al vino, a cazar jabalíes, a los juegos y caballos, como los griegos; y que las mujeres gozaban de una libertad que escandalizaba a los romanos.

Hemos heredado de los etruscos —vía romanos, aunque no se mezclaran mucho— una buena cantidad de gestos y manías, de los que a veces ni siquiera somos conscientes. Me divierte pensar que el báculo sobredorado de los obispos cristianos es una versión tardía del garrote que empuñaban los arúspices etruscos, y lo mismo ese curioso gorro picudo que llaman mitra. Aunque lo de los gorros es una manía universal; sin corona, tiara o gorra de plato no hay autoridad, ya lo decía Pascal. Te mata un tipo con gorro y toga, y es sentencia cumplida; te mata sin gorro, y es un vulgar asesinato.

Eran también excelentes orfebres. Prueba de ello es la llamada *Quimera de Arezzo*, que en tamaño aumentado, en una fuente con chorritos, da la bienvenida a la ciudad de Arezzo. Naturalmente no es el bronce original, que mide apenas ochenta centímetros de alto y está en el Museo Arqueológico Nacional de Florencia. Con este bicho de ciencia ficción pasa un poco lo que con nuestra *Dama de Elche*, son piezas de tal maestría que, en vez de aclarar, aumentan nuestra intriga respecto a una cultura que suponemos «incipiente» y desconocemos en gran medida.

Arezzo es ahora la ciudad más importante del que podríamos llamar territorio etrusco. Pero es también cita imprescindible en la cultura y arte de siglos posteriores. La tradición culta de esta urbe viene de lejos: aretino era el paradigmático Mecenas, protector de Horacio y Virgilio; también aretino fue el poeta Petrarca; y el monje benedictino Guido de Arezzo, que inventó la moderna escritura de la música; y Giorgio Vasari, el talento universal; o Pietro Aretino, el libertino provocador en las cortes renacentistas...

Para descubrir esta ciudad, recomiendo empezar desde arriba, desde la Fortezza Medicea o lo que de ella queda, pues fue arrasada. Ahora es una especie de parque o mirador desde el cual se puede casi tocar con los dedos las viñas y frutales de la campiña. Junto al Paseo il Prato se encuentra la llamada Casa Petrarca (aunque no es su casa natal), sede de la *Accademia* que rinde honores al poeta trotamundos: correteó por media Europa, conoció a su idealizada Laura en Aviñón, y fue una especie de faro para los poetas renacentistas (como Garcilaso en España).

Más allá del *duomo* y su museo, la Casa de Vasari, que el pintor y arquitecto se hizo construir, decorándola con pinturas y retratos de artistas contemporáneos suyos, a los cuales dedicó también su obra más notable, *Vida de los más excelentes pintores, escultores y arquitectos* (1550).

Si Pisa tiene su torre inclinada, Arezzo tiene su plaza inclinada. Debería ser igual de famosa. De hecho tal vez lo sea, gracias a la película de Roberto Benigni *La vida es bella* (1997), que intenta sacar chispas de humor del Holocausto. Jugar con fuego, me parece, pese a la buena intención y lo hermoso del filme. Preside la cuesta-plaza un ábside románico que todo el mundo confunde con la catedral, pero es el Pieve di Santa María, o sea, una parroquia. Al lado mismo, el Palazzo della Fraternità dei Laici, que merece un aparte.

Resulta que, investigando en la biblioteca de ese palacio, en 1884, el profesor Gian Francesco

Gamurrini descubrió, dentro de un códice medieval, unas hojas sueltas de pergamino en las que algún monje del siglo XI había transcrito unas cartas muy anteriores, del siglo IV, que una mujer sin rostro había dirigido a otras *dominae et sorores* que habían quedado en su tierra, mientras ella peregrinaba a los Santos Lugares. Traduje esas cartas y narré su peripecia en el libro *Viaje de Egeria.*[1] La que durante más de un siglo fue tontamente llamada «la monja viajera» fue en realidad una rica matrona romana, de la provincia *Gallaetia* (Galicia), y puede ser considerada como la primera escritora viajera hispana. El códice, ejemplar único, se custodia en la Biblioteca Città di Arezzo como *Codex Aretinus 405.*

Solo algunas calles más abajo se encuentra la iglesia de San Francesco, y dentro de ella, el ciclo de frescos de Piero della Francesca sobre *La leyenda de la Vera Cruz.* Historias fantásticas acerca del santo madero que sería el mismo árbol que Set plantó sobre la tumba de Adán. Fábulas aparte, este recinto es un santuario de la pintura de Piero della Francesca. Al margen de su manía por disfrazar a sus personajes con atuendos y gorros renacentistas, al margen de la rara modernidad de su pintura, el arte de Piero della Francesca parece en el fondo tan enigmático como la media sonrisa de la Gioconda, o como la sonrisa etrusca.

1 *Viaje de Egeria. El primer relato de una viajera hispana*, ed. y trad. de Carlos Pascual, La Línea del Horizonte Ediciones, Madrid, 2024.

Solo una cosa más sobre Arezzo: la fiesta que celebran en septiembre llamada *La giostra del Saracino* merecería la fama que tiene el Palio de Siena. Mismo lujo de armaduras y vestimentas, y además, una aportación al diccionario: el muñeco (que en realidad no es *sarraceno*, sino que se llama *Buratto rey de la India*) contra el que arremeten, lanza en ristre, los caballeros es un *estafermo*, que está *fermo* (quieto), pero gira sobre su eje al ser golpeado, y puede producir el mismo efecto traidor que esos tablones o escaleras al hombro de los gags de Hollywood, que tanta gracia hacen, a quienes no reciben el contragolpe.

Al sur de Arezzo, se abre el Val de Chiana, un paisaje amable de colinas suaves, huertos, olivos y pomares, con prados donde pastan unas vacas y terneras muy apreciadas. En Castiglion Fiorentino, hacen honor a su topónimo sirviendo la *bistecca alla fiorentina* proveniente de tan bucólicas vacas. Y enseguida se llega a Cortona. Un nombre propio que era un alivio, un clavo seguro al que aferrarse para ordenar los hipérbatos de Tito Livio y su *Ab urbe condita* en aquellas tediosas, infinitas mañanas púberes de latín, entre curas odiosos. Cortona era entonces una especie de difusa fantasía, recuerdo de algo que todavía no se ha vivido —*recuerdo inmaduro*, lo llamaba Leopardi.

La Cortona real descubierta por mí más tarde es un espléndido burgo medieval, con murallas que tienen embutidos sillares etruscos y romanos, y empinadas calles en cuesta y pasadizos que ascienden hacia la plaza y el Palazzo Comunale. Desde lo alto de la colina la vista alcanza hasta el lago Trasimeno, donde tuvo lugar una de las derrotas más dolorosas para los antiguos romanos. Tito Livio, lo más parecido a un historiador, narra aquella matanza con pelos y señales. Pudieron ser 16 000 infelices los que cayeron destripados entre los juncos en menos de cuatro horas.

La Cortona actual resulta algo más acogedora. Casi adictiva, como parece desprenderse de la película *Bajo el sol de la Toscana* (2003), rodada en esa villa que «engancha» a una divorciada californiana y le insufla nuevos motivos para vivir, ante el empuje de la sangre joven y el espejo del amor, siempre el amor. En el Museo Diocesano, junto al *duomo*, se conserva una *Anunciación* de Fra Angélico casi gemela a la del museo del Prado. Y es que en esta ciudad trabajaron Fra Angélico y Pietro di Cortona, grandes en un siglo de grandes.

Al sur de Cortona se abre lo que para muchos será un *déjà vu*, el Val d'Orcia, el más fotografiado, reproducido en postales y revistas, exprimido al límite por el cine. Con sus cipreses y colinas armónicamente dispuestos, como si un escenógrafo hubiera ahuecado hasta las nubes, el valle entero ha sido declarado por la Unesco patrimonio de la humanidad. Por él cruzaba la Via Francígena de peregrinos. Los cuales podían aliviar el espíritu en abadías como Sant'Antimo y San Galgano; y el buche, en tabernas abastecidas con los vinos reputados de la comarca.

En la cabecera del valle está Montepulciano. Una población amurallada, aupada a una colina, con piedras que se remontan al tiempo de los etruscos. Por cierto, como ya comentamos, fue aquí (y no en Volterra) donde se rodaron exteriores de la saga *Crepúsculo*; en la oficina de turismo daban incluso mapas para que pudieran recorrer las localizaciones los peregrinos de las tinieblas. En la Piazza Grande, el Ayuntamiento o Palazo Comunale recuerda un poco al Palazzo Vecchio de Florencia, gracias a los apaños de Michelozzo.

De ahí parte el Corso o calle principal que articula los principales hitos de interés. El Café Poliziano, de estilo *liberty*, nos recuerda que en este pueblo nació Angelo degli Ambrogini, más conocido como el Poliziano, poeta en la corte de los primeros Medici; su casa natal está en la Via Poliziano que conduce a la Fortaleza.

Entre palacio y palacio (Bucelli, Contucci, Vignol), las tiendas sacan a las aceras el reclamo de su vino más famoso, el *vin nobile* (algunas bodegas admiten visitas… y facilitan compras). Al pie de la muralla, la iglesia de San Biagio (o San Blas), aun antes de haberla visto, algunos nos la sabíamos de memoria. Porque ese templo de Antonio Sangallo, modelo de arquitectura religiosa renacentista, era una de las láminas que salía sí o sí en los exámenes de arte de la Facultad.

Enseguida se inicia el Parque Artístico Natural y Cultural de Val d'Orcia, que agrupa los términos de cinco municipios: Pienza, San Quirico d'Orcia (el que más sale en fotos, con sus famosos *cipressini* escalando la ladera de alguna granja o ermita), Montalcino, Castiglione d'Orcia y Radicofani.

Uno de los humanistas más notables del Renacimiento, Eneas Silvio Piccolomini, sumó a sus estudios una brillante carrera diplomática, le hicieron obispo, luego cardenal y luego papa, con el nombre de Pío II. Cuando pasaba de los cincuenta y era ya pontífice, visitó el pueblo donde había nacido y decidió transformarlo en la ciudad ideal de los cánones renacentistas, con proporciones armónicas, geométricas, perfectas. Y como hacía el gran Alejandro en la antigüedad, darle un nuevo nombre, el suyo de papa Pío: Pienza, que debería convertirse en la ciudad ideal de los nuevos tiempos.

Aparte de un *duomo* de nueva planta y de su propio palacio Piccolomini —que recuerda al Rucellai de Florencia—, animó, exhortó (por no decir obligó) a los cardenales con aspiraciones a que erigieran en Pienza sus propios palacios. Uno de esos cardenales fue el valenciano Rodrigo Borja, quien se hizo un palacio y cumpliría sus ambiciones, y sería poco después el papa Borgia Alejandro VI. Quedan en Pienza cuatro palacios, unos mil vecinos y una pesada losa de olvido. Y ovejas, que dan un celebrado queso *pecorino* con el nombre de Pienza en la etiqueta. Puede que se vean algunas ovejas en el desvío que lleva al monasterio de Sant'Anna in Camprena, donde Anthony Minghella rodó algunas escenas de *El paciente inglés* (1996). Pero es propiedad privada y no se puede visitar.

En Montalcino pasa algo parecido a lo de Pienza, las tiendas quitan protagonismo (y clientes) a los monumentos; solo que aquí el producto estrella no es el queso, sino el vino. El *brunello* de Montalcino, uno de los vinos más preciados de Toscana. Hay enotecas por doquier; hasta en la Fortezza, donde se hicieron fuertes contra los Medici, se puede catar y comprar vinos locales. Esta fortaleza, que domina el pueblo, las murallas bien conservadas, el Museo Civico e Diocesano d'Arte Sacra y algunos edificios medievales son la alternativa culta a las compras golosas.

Por cierto, como los habitantes de Montalcino acogieron a los rebeldes sieneses huidos tras la toma de Siena por Florencia (1555), el desfile oficial del Palio de Siena lo abre siempre un abanderado de Montalcino, ondeando el estandarte de su ciudad.

Ni qué decir tiene que los viñedos conforman el paisaje en torno a Montalcino. Y está muy desarrollada en la zona esa categoría que ha venido para quedarse que es el agroturismo. A un par de leguas de Montalcino, la abadía de Sant'Antimo es un buen ejemplar del románico toscano. En su origen fue un exvoto o promesa del mismísimo Carlomagno, eso dicen. Hay monjes viviendo, y se puede escuchar canto gregoriano durante sus oficios.

Por carreteras de cine, serpenteando entre hileras de cipreses, se llega a Castiglione d'Orcia, pueblo dominado por la Rocca d'Orcia (o Rocca di Tentennano), un bastión como tallado a hachazos sobre un espolón calizo. Y muy de cine también, su adusta silueta es la que sale siempre a lo lejos en la película *En un rincón de la Toscana* (2005); por cierto, es mejor el título inglés, *Shadows in the Sun* (*Sombras bajo el sol*): las *sombras* y demonios de un escritor apagado, retirado con sus hijas, su perro y su bodega, al que sacará de su apatía lo de siempre: la savia joven, el amor. Aunque sea el amor que sonríe a los otros.

Tardé mucho en descubrir que la Toscana tiene mar. Y seguro que no he sido el único despistado. El tsunami de pinturas y esculturas, *duomos* e iglesias, palacios, torres y fortalezas, jardines y cipreses palian con su torbellino al discreto mar Tirreno. Un mar de comerciantes, más que de bañistas. Pero sí, la Toscana tiene mar. Su parte meridional es la Maremma, el nombre lo dice todo. Marismas, antaño insalubres y palúdicas, que poco a poco se fueron desecando para convertirse en pastos o cultivos. Esa es la baja Maremma, la pegada al litoral. Hay también una Maremma alta, montañosa, que sirve de parapeto a la baja Maremma y sus islas.

En esa parte alta está Pitigliano, subida a un pedestal volcánico circuido por gargantas muy fotogénicas. El propio pueblo es muy de foto, con callejuelas y escalinatas empedradas, retorcidas, protegidas por pasadizos. A este lugar vinieron a parar muchos judíos perseguidos ya desde tiempos medievales. La que llaman «la piccola Gerusalemme» es el barrio hebreo, que conserva una minúscula sinagoga del siglo XVI, un *mikvé* o baño ritual, una carnicería *kosher*, panadería, bodega, talleres artesanos…

La entrada a la baja Maremma es Grosseto, que es también la capital de la provincia. Fue en sus buenos tiempos uno de los últimos baluartes de Siena en rendirse a los Medici de Florencia. Pero de aquellos tiempos queda poco, terminó muy dañada en la Segunda Guerra Mundial.

A un par de leguas de la ciudad se encuentran los pocos restos conservados de época etrusca, en el yacimiento de Rosella. En el centro de Grosseto —por cierto, bastante animado, a pesar de la escasa fama—, están la catedral y el Museo Archeologico e d'Arte de la Maremma, que en su planta baja guarda los hallazgos etruscos y romanos de la zona, y en el piso alto un museo de arte religioso. Tiene una marina a diez minutos del centro, y un par de santuarios naturales: una Reserva Natural en Castiglione de la Pescaia, y el Parque Regional de la Maremma junto a Alberese y su puerto.

En la reserva de Castiglione, hay un centro de visitantes donde se puede contratar circuitos en barco para avistar garzas, flamencos y otras aves acuáticas. El Parque Regional tiene también centro de visitantes en Alberese; allí hay que concertar los circuitos (siempre guiados y en verano) por una docena de senderos bien dispuestos y señalizados. Además, la marina de Alberes, que queda dentro del parque, esconde una playa de ocho kilómetros de arenas desiertas.

Las antiguas marismas conquistadas para el cultivo o la ganadería —hay granjas de búfalas que producen la codiciada *mozzarella* de *pizzas* y ensaladas— se extienden hasta Orbetello, por donde pasa la llamada Autoblu, la autopista que pone a los romanos a tres cuartos de hora de la playa de Capalbio y las aventuras marinas del Monte Argentario.

Capalbio, a discreta distancia de la autopista y de la playa, parece ahora un pueblo desahuciado, olvidado, de refugio para fin de semana o vacaciones. A pesar de sus murallas y su iglesia, propias de una plaza importante para la antigua república de Siena, pues esta era su salida al mar. Lo que de súbito llama la atención son los colores chillones de esculturas plantadas en jardines y rellanos. Y es que aquí vivió y trabajó durante varios años la escultora francesa Niki de Saint-Phalle, esposa del suizo y también escultor Yves Tanguély. Niki dejó en el pueblo un buen puñado de obras que son una explosión colorista y vital sobre el ocre amodorrado del antiguo bastión sienés.

A un paso queda Orbetello, con algún muro etrusco embutido en otras construcciones de su casco histórico. La ciudad fue uno de los llamados

Presidios Hispanos de la Toscana, «estados» o territorios fortificados con los que el monarca español Felipe II inauguraba su reinado, protegiendo las costas del mar Tirreno de los piratas. Estos Estados de los Reales Presidios estuvieron en manos de la monarquía española siglo y medio, desde 1557 hasta 1707. Las armas del rey de España campean sobre la Porta del Socorso, en la muralla. Tiene su *duomo*, faltaría más, y un antiguo arsenal de llamativo nombre, Polveriera Guzmán.

Pero lo singular de esta pequeña ciudad es su enclave. Está asentada sobre un brazo de tierra central, en una laguna cerrada por otros dos brazos laterales. O sea que en realidad hay dos lagunas, la de levante y la de poniente. En ellas cultivan ostras y anguilas. Los tómbolos o tentáculos de tierra, cabalgados por sendas carreteras, conducen hasta el Monte Argentario, un abrupto peñasco que fue isla antes que península, y con mucha historia. Esta mole formidable y salvaje, cubierta de pinos y chicharras cantarinas, con carreteras y curvas que hacen del tráfico estival una pesadilla, tiene acopladas a sus laderas dos poblaciones, Santo Stefano en la cara de poniente y Porto Ercole en la faz de levante.

Esta última es la más interesante para la historia. Pertenece al club de *I borghi più belli d'Italia*, se podría decir que gracias a los españoles.

Porque el pueblo en sí no ofrece más encanto que el de cualquier villa marinera de carnadura premiosa y algo descuidada. Pero el enclave es sensacional; el pequeño puerto y las playas de arena que llaman Feniglia y Cala Lunga están vigilados y protegidos por fuertes militares que reconstruyeron los españoles al establecerse los mencionados Reales Presidios. Hay que tener en cuenta que, pocos años antes, en 1544, Barbarroja había saqueado Porto Ercole llevándose cautivos a más de un centenar de lugareños. Dos son los bastiones principales, el Forte Stella, que se puede visitar, y el Forte Filippo, de mayores dimensiones, usado para celebraciones y eventos oficiales.

Cuando eran los españoles custodios de la plaza, en julio de 1610, llegó a la playa de Porto Ercole, enfermo y exhausto, Michelangelo Merisi, conocido como Il Caravaggio. Este pintor de vida turbulenta huyó de Roma donde le habían condenado a muerte, cuatro años antes, por matar a un rufián en una reyerta. Tras vagar por Nápoles, Malta, Sicilia, nuevamente Nápoles, regresaba en barco a Roma porque esperaba el perdón del papa.

No está claro cómo llegó a la playa, quién lo recogió, si pescadores o soldados, dónde lo llevaron, y de qué murió exactamente, si de fiebres palúdicas, de una herida infectada, de neurosífilis, de saturnismo (envenenamiento por el plomo de pigmentos usados en sus pinturas)... Derek Jarman filmó un turbador *biopic*, *Caravaggio* (1985), de gran originalidad, además de una rara y honda belleza, que se fija en los perfiles más canallas y homoeróticos del personaje, pero deja en consciente oscuridad su final.

El caso es que allí murió «el anticristo de la pintura», como le llamaron algunos coetáneos, y desde hacía muchos años se quería acometer algo para honrar su memoria, un centro cultural o algo por el estilo. Finalmente, han rebuscado entre los huesos del cementerio local unos restos que pudieran coincidir con los del pintor maldito. Ahora *bendito*, pues los han colocado en una urna de piedra semejante a las que contienen momias de santos o cristos yacentes, y además en plena calle. Y con un extraño monumento casi al lado, que ni explicándolo se entiende.

El tenebrismo que Caravaggio introdujo en la pintura —con seguidores como nuestro José de Ribera, *lo spagnoletto*—, al prescindir de fondos y centrarse solo en las superficies bañadas por la luz, supuso un cierto modo de abstracción, un paso adelante en la marcha inexorable de la pintura hacia su liberación, hacia la pintura moderna.

En la vertiente de poniente del Monte Argentario se acomoda Porto Santo Stefano, que fue otro de los *presidios hispanos* y conserva el fuerte de época española, pero que ahora se ha convertido en un centro turístico y bullicioso. Desde allí parten los ferris hacia el archipiélago toscano, compuesto por siete islas. No a todas se puede ir o, mejor dicho, acceder, pues están amparadas por la figura de Parque Nacional, la zona marítima protegida más grande de Europa.

La isla más cercana es la de Giglio; con tres pequeños núcleos de población, es la más conocida, por culpa del naufragio del gigante crucero de vacaciones Costa Concordia, que encalló y se medio hundió en 2012, con docenas de muertos. Muy cerca de ella están la isla de Giannutri, deshabitada, y la de Montecristo, que sugirió a Alejandro Dumas el nombre para su célebre conde. Pianosa, que fue una colonia penal; Capraia, con apenas ocho kilómetros de largo por cuatro de ancho, invadida por senderistas durante el verano; y Gorgona, que es también una prisión vetada a excursionistas, escoltan a la más grande de todas, la isla de Elba.

Esta es con diferencia la más extensa y poblada, pertenece a otra provincia y tiene más fácil acceso desde Piombino, al norte de Grosseto. Elba tiene todos los alicientes de isla mediterránea, con viñedos, olivos, naranjos, palmeras, calas y playas tentadoras, y multitud de alicientes de ocio, actividades deportivas y casas de agroturismo. Portoferraio es la población principal, con un colorido puerto y una zona más moderna de confortables hoteles. Las mejores playas están en la parte de poniente de la isla; en cambio, la parte oriental es más abrupta, con acantilados como los que sostienen la fortaleza de Porto Azurro, el segundo puerto más importante de la isla. Las playas por aquí no son de arena, sino de guijarros.

Lo que trae a muchos a esta isla es la curiosidad histórica. Aquí estuvo desterrado Napoleón en 1814, apenas un año, luego se escapó. Lo que para los actuales veraneantes o curiosos es un paraíso, para él fue cárcel, desencanto, amargura, lo dejó bien patente en sus cartas. El Museo Nazionale delle Residenze Napoleoniche incluye la Villa dei Mulini y la Villa di San Martino, una granja que el emperador hizo transformar en elegante residencia donde huir del calor estival.

Empezamos este libro hablando del síndrome de Stendhal, y del síndrome de Tomás. Tal vez podríamos concluirlo evocando otro síndrome, el que pudieron sufrir Napoleón, o Caravaggio, o los judíos perseguidos de Pitigliano: el síndrome de la derrota. La gran Marguerite Yourcenar pone en boca de su Adriano (*Memorias de Adriano*) estas palabras: «... he llegado a la edad en que la vida, para cualquier hombre, es una derrota aceptada». El cúmulo de tesoros que la Toscana despliega ante las fauces sedientas de Tántalos de todas las épocas hacen sentir el desamparo de seres derrotados, desterrados, proscritos, ¿el síndrome de Elba?

Sería triste acabar así, además de injusto para los isleños de Elba y para los felices turistas. Quedémonos mejor con la lección, casi una consigna, de que la Toscana desprende, por todos sus poros y rincones, el arte de vivir. Lo que enganchó en su día a escritores y artistas, luego a productores y directores de cine, y siempre a viajeros inquietos o turistas despreocupados: el arte de lograr aquel ideal platónico de hacer lo bello bueno y lo bueno bello. Convertir la vida en belleza. Y viceversa. El síndrome de Elba sería aquel relámpago en que el destello de la belleza es, al mismo tiempo, el brillo de la lucidez. Ser náufragos en el océano inmenso de la belleza toscana siempre será un consuelo.

AUNQUE NO SEA LA MÁS EXTENSA DE LAS REGIONES DE ITALIA, LA TOSCANA ES LA QUE TAL VEZ MEJOR ENCARNE ESA DISPARIDAD QUE HIZO DE LA NACIÓN UN MOSAICO O GALIMATÍAS POLÍTICO, HASTA LA UNIFICACIÓN DE GARIBALDI. EN CIERTO MODO, LA TOSCANA VIENE A SER, PARA LO MEJOR Y LO PEOR, UNA ITALIA EN MINIATURA.

CARLOS PASCUAL

CUADERNOS DE HORIZONTE

9. *Naturalezas* 2.ª ed.
RALPH WALDO EMERSON
TRADUCCIÓN DE CARLOS MUÑOZ Y S. SEDILES

10. *Ensayo sobre el exotismo. Una estética de lo diverso*
VÍCTOR SEGALEN
TRADUCCIÓN DE MARTÍN SCHIFINO

11. *Viaje de Egeria. El primer relato de una viajera hispana* 2.ª ed.
EDICIÓN DE CARLOS PASCUAL

12. *Variaciones sobre Budapest* 2.ª ed.
SERGI BELLVER

13. *Huellas negras. Tras el rastro de la esclavitud*
DIEGO COBO

14. *Imagen de la India* 2.ª ed.
JULIÁN MARÍAS

15. *Tiempo de Hiroshima*
SUSO MOURELO

16. *Eva en los mundos. Escritoras y cronistas*
RICARDO MARTÍNEZ LLORCA

17. *La ascensión al Mont Ventoux* 2.ª ed.
FRANCESCO PETRARCA
TRADUCCIÓN DE IÑIGO RUIZ ARZALLUZ

18. *El espíritu de Roma. Fragmentos de un diario* 2.ª ed.
VERNON LEE

19. *Diario austral. Crónica de un viaje a la Argentina*
ANTONIO RIVERO TARAVILLO

20. *No le hagas preguntas a la tristeza. Antología de poemas de las tribus de la India*
JESÚS AGUADO

21. *Contra Florencia* 3.ª ed.
MARIO COLLEONI

22. *Al pie de la Torre Eiffel*
EMILIA PARDO BAZÁN

23. *Lima, la sin lágrimas*
CÉSAR ANTONIO MOLINA

24. *Lorenz Saladin. Una vida para las montañas*
ANNEMARIE SCHWARZENBACH

25. *Viaje a Jerusalén*
PIERRE LOTI

26. *Himnos al sol en la oscuridad. Un viaje al Gales de Dylan Thomas*
JUAN PABLO BERTAZZA

27. *Sepulcros etruscos. Un viaje por la Toscana*
NICANOR GÓMEZ VILLEGAS

28. *Al sur de Tánger. Un viaje a las culturas de Marruecos* 4.ª ed.
GONZALO FERNÁNDEZ PARRILLA

29. *Bebé de las Nieves*
JOSEPHINE DIEBITSCH PEARY

30. *El sol de Lorrain. Un viaje hacia el atardecer*
DANIEL MUÑOZ DE JULIÁN